Gedichte für glückliche Stunden

Herausgegeben von
Norma Schneider

FISCHER Taschenbuch

Aus Verantwortung für die Umwelt hat sich der S. Fischer Verlag zu einer nachhaltigen Buchproduktion verpflichtet. Der bewusste Umgang mit unseren Ressourcen, der Schutz unseres Klimas und der Natur gehören zu unseren obersten Unternehmenszielen.

Gemeinsam mit unseren Partnern und Lieferanten setzen wir uns für eine klimaneutrale Buchproduktion ein, die den Erwerb von Klimazertifikaten zur Kompensation des CO_2-Ausstoßes einschließt.

Weitere Informationen finden Sie unter: *www.klimaneutralerverlag.de*

3. Auflage: Januar 2024

Originalausgabe
Erschienen bei FISCHER Taschenbuch
Frankfurt am Main, März 2023

© 2023 S. Fischer Verlag GmbH,
Hedderichstr. 114, D-60596 Frankfurt am Main

Satz: Dörlemann Satz, Lemförde
Druck und Bindung: GGP Media GmbH, Pößneck
Printed in Germany
ISBN 978-3-596-90424-2

Inhalt

»Glück, o auf der Welt zu sein«

Vom schönen Leben

RAINER MARIA RILKE: Du mußt das Leben nicht verstehen ...	15
JOACHIM RINGELNATZ: Morgenwonne	16
FRANZ WERFEL: Der schöne strahlende Mensch	17
JOHANN GOTTFRIED HERDER [Ein Traum, ein Traum ist unser Leben]	18
AUGUST HEINRICH HOFFMANN VON FALLERSLEBEN: Wie mein Kind sich freuen kann!	19
MATTHIAS CLAUDIUS: Abendlied	20
FRIEDRICH VON HAGEDORN: Aufmunterung zum Vergnügen	22
WILHELM BUSCH: Es sitzt ein Vogel auf dem Leim ...	23
AUGUST HEINRICH HOFFMANN VON FALLERSLEBEN: Der Sommer	24
JOACHIM RINGELNATZ: Freude	25
ROBERT GERNHARDT: Was ist Kunst	26
HUGO VON HOFMANNSTHAL: Was ist die Welt?	27
MAX GOLDT: Die schönste Art, halbtot zu sein (Gekitzelt werden)	28
THEODOR FONTANE: Glück	30
UWE KOLBE: Glück	31
WULF KIRSTEN: die eskaladierwand	32
ROBERT GERNHARDT: Biographie	33

»Ja, renn nur nach dem Glück«

Von der Kunst, glücklich zu sein

JOHANN WOLFGANG GOETHE: Erinnerung	37
WILHELM BUSCH: Fortuna	38
ELISABETH BORCHERS: Was alles braucht's zum Paradies	39
FRIEDRICH SCHILLER: Das Geheimnis	40
KARL KROLOW: Ziemlich viel Glück	42
ANNETTE VON DROSTE-HÜLSHOFF: Das Ich der Mittelpunkt der Welt	43
MONIKA RINCK: Mein Denken	45
ARNO HOLZ: Religionsphilosophie	46
FRANZ WERFEL: Ich habe eine gute Tat getan	49
HILDE DOMIN: Schöner	51
FRIEDRICH HÖLDERLIN: Ehemals und jetzt	52
HEINRICH HEINE: Das Glück ist eine leichte Dirne	53
FRIEDRICH NIETZSCHE: Meine Rosen	54
CHRISTIAN HOFFMANN VON HOFFMANNSWALDAU: Lob der Vergnügung	55
BERTOLT BRECHT: Ballade von der Unzulänglichkeit menschlichen Planens	57
KURT TUCHOLSKY: Das Ideal	59
MAX DAUTHENDEY: Glück	61
ROBERT GERNHARDT: Rede vom Glück	63
THEODOR STORM: Trost	65
FRANK WEDEKIND: Erdgeist	66
THEODOR FONTANE: Es kribbelt und wibbelt weiter	67
FRIEDRICH HÖLDERLIN: Der Jüngling	68
KURT TUCHOLSKY: Mit einem japanischen Gott	70
THEODOR FONTANE: Man hat es oder hat es nicht	71
STEFAN ZWEIG: Der Forscher	72
ROBERT GERNHARDT: Beispiel Bella zum Zweiten	73
THEODOR FONTANE: Nicht Glückes bar sind deine Lenze	74

ISOLDE KURZ: Wegwarte 75
ROBERT GERNHARDT: Trost und Rat 76

»Faul zu sein, sei meine Pflicht«

Von Genuss und Müßiggang

BERTOLT BRECHT: Vergnügungen 79
THEODOR STORM: Oktoberlied 80
CARL ZUCKMAYER: Das Essen 81
RICHARD DEHMEL: Mein Trinklied 83
KURT TUCHOLSKY: Der Sucher 85
THOMAS BRASCH: Der schöne 27. September 87
GEORG HERWEGH: Die Geschäftigen 88
JOACHIM RINGELNATZ: Sommerfrische 89
ROBERT GERNHARDT: Klinik-Lied 90
KURT TUCHOLSKY: Parc Monceau 91
GOTTHOLD EPHRAIM LESSING: Die Faulheit 92
JAN WAGNER: koalas 93
LUDWIG UHLAND: Das alte, gute Recht 94
RICHARD DEHMEL: Der Arbeitsmann 96
KURT TUCHOLSKY: Selbstbesinnung 97
UWE KOLBE: Der Vortrag 99
HEINRICH SEIDEL: Das Sonett 100
ROBERT GERNHARDT: Lied der Toscana-Deutschen 101
FRIEDRICH ADLER: Glück 103

»Weil es nichts Schöneres gibt«

Von Liebe und Erfüllung

JOHANN WOLFGANG GOETHE: Freudvoll und leidvoll	107
ROSE AUSLÄNDER: Das Schönste	108
HERMANN BROCH: Kulinarisches Liebeslied	109
DETLEV VON LILIENCRON: Ich und die Rose warten	110
JOACHIM RINGELNATZ: Offener Antrag auf der Straße	113
FRIEDRICH RÜCKERT: Aus der erotischen Blumenlese aus Dichtern verschiedener Zeiten und Völker	114
FRIEDRICH HÖLDERLIN: Die Liebe	115
JOSEPH VON EICHENDORFF: Glück	117
NIKOLAUS LENAU: Liebesfrühling	118
ELSE LASKER-SCHÜLER: Senna Hoy	119
JOHANN WOLFGANG GOETHE: Suleika	120
DETLEV VON LILIENCRON: Glückes Genug	121
FRANZ WERFEL: Das Maß der Dinge	122
JOHANN WOLFGANG GOETHE: Willkommen und Abschied	123
HUGO VON HOFMANNSTHAL: Sturmnacht	125
ELSE LASKER-SCHÜLER: Heimlich zur Nacht	126
JOACHIM RINGELNATZ: Ferngruß von Bett zu Bett	127
HEINRICH HEINE: Sie saßen und tranken am Teetisch …	128
JOSEPH VON EICHENDORFF: Neue Liebe	129
ELSE LASKER-SCHÜLER: 'Athánatoi	130
RAINER MARIA RILKE: Liebes-Lied	131
CHRISTIAN MORGENSTERN: Hochsommernacht	132
DETLEV VON LILIENCRON: Einen Sommer lang	133
FRIEDRICH HÖLDERLIN: Hymne an die Liebe	134
MICHAEL LENTZ: in liebesdingen	136
JOHANN WOLFGANG GOETHE: Der Bräutigam	137
ELSE LASKER-SCHÜLER [Pablo]	138
LUDWIG TIECK: Glosse	140
ACHIM VON ARNIM [Mir ist zu licht zum Schlafen]	142
ELSE LASKER-SCHÜLER: Mein Liebeslied	143

Rose Ausländer: Chagallisch	144
Theodor Fontane: Spätes Ehestandsglück	145
Uwe Kolbe: Selbander	147
Hilde Domin: Mein Geschlecht zittert	148
Stefan Zweig: Das fremde Lächeln	149
Paul Heyse: Ich sah mein Glück vorübergehn	151

»Mit Dir vereint, gewann ich frischen Mut«

Von Freundschaft und Familie

Christian Morgenstern: An den Andern	155
Else Lasker-Schüler: An zwei Freunde	156
Rose Ausländer: Gemeinsam I	157
Franz Grillparzer: Wert der Freundschaft	158
Friedrich Schiller: Die Bürgschaft	159
Paul Heyse: Freunde	164
Günter Grass: Augenblickliches Glück	165
Else Lasker-Schüler: Meinlingchen	166
Rose Ausländer: Im Süden	167
Theodor Fontane: Welches von beiden	168
Rainer Maria Rilke: Delphine	169
Stefan Zweig: Im Balladenton	170
Rose Ausländer: Daheim	171

»Nun blühn die Bäume seidenfein«

Von der Schönheit der Natur

Else Lasker-Schüler: Frühling	175
Johann Wolfgang Goethe: Maifest	176
Friedrich Hebbel: Herbstbild	178
Rose Ausländer: Die Bäume	179

WOLFGANG HILBIG: Die Blumenbetrachtung 180
FRANZ WERFEL: Wie nach dem Regen 181
FRIEDRICH HÖLDERLIN: Der Spaziergang 182
LUDWIG UHLAND: Das Tal 183
ARNO HOLZ: Mählich durchbrechende Sonne 184
ANNETTE VON DROSTE-HÜLSHOFF: Im Grase 186
EDUARD MÖRIKE: Mein Fluß 188
JOSEPH VON EICHENDORFF: Die Nacht 190
HANS ADLER: Sonett 191
FRANZ WERFEL: Ich staune 192
WILHELM MÜLLER: Der Lindenbaum 193
GEORG TRAKL: Verklärter Herbst 194
JOSEF WEINHEBER: Im Grase 195
WULF KIRSTEN: blaues geflügel 197
STEFAN ZWEIG: Herbst 199
FRIEDRICH VON HAGEDORN: Der Frühling 200
DETLEV VON LILIENCRON: Märztag 202
GOTTFRIED BENN: März. Brief nach Meran 203
JOSEPH VON EICHENDORFF: Mondnacht 204
ROBERT GERNHARDT: Vorfreude auf den Morgengang 205
ANNETTE VON DROSTE-HÜLSHOFF: Sommer 206
HAIKU: Mich meinem Dorf nähernd 207
HAIKU: Über mein Portrait 211
ROBERT GERNHARDT: Herbstlicher Baum in der
Neuhaußstraße 213

»Und es kommt ein andrer Tag«

Von Hoffnung und Träumen

ERICH MÜHSAM: Ich weiß, das Glück, das meiner harrt 217
THEODOR FONTANE: Trost 218
RAINER MARIA RILKE: Der Schwan 219
WOLFGANG HILBIG: episode 220

ILSE AICHINGER: Das Geburtshaus 221
RAINER MARIA RILKE: Persisches Heliotrop 222
REINER KUNZE: Verstreutes Kalenderblatt. Mittsommer 223
JOSEPH VON EICHENDORFF: Schöne Fremde 224
FRIEDRICH HÖLDERLIN: An die Parzen 225
JOHANN PETER UZ: Ein Traum 226
STEFAN ZWEIG: Nun weiß ich 227
ANNETTE VON DROSTE-HÜLSDORF: Am Thurme 228
FRANK WEDEKIND: Das Lied vom armen Kind oder
Wer zuletzt lacht, lacht am besten 230
LUDWIG BECHSTEIN: Noch ein Nachtigallenlied 233
FRIEDRICH HÖLDERLIN: Mein Eigentum 235
HUGO VON HOFMANNSTHAL Wir sind aus solchem Zeug
wie das zu Träumen 237
ELSE LASKER-SCHÜLER: Ich träume so leise von dir --- 238
RAINER MARIA RILKE: Das Rosen-Innere 239
STEFAN ZWEIG: Vertrauen 240
ERNST STADLER: Resurrectio 241
ELSE LASKER-SCHÜLER [Mich führte in die Wolke mein
Geschick]... 242
STEFAN ZWEIG: Die Wolken 243
HUGO VON HOFMANNSTHAL: Südliche Mondnacht 245
HILDE DOMIN: Windgeschenke 246

»Leben sei Freude und *Kummer«*

Von Glück und Unglück

ROBERT GERNHARDT: Der Insistierende 249
STEFAN GEORGE: es lacht in dem steigenden jahr dir 250
FERDINAND RAIMUND: Lied 251
NIKOLAUS LENAU: Der Postillon 252
EDUARD MÖRIKE: An einem Wintermorgen. 254
RUDOLF ALEXANDER SCHRÖDER: Es mag sein 256

GOTTFRIED BENN: Einsamer nie – 258
ELSE LASKER-SCHÜLER: Das Wunderlied 259
KURT TUCHOLSKY: Liebespaar am Fenster 260
ROSE AUSLÄNDER: Du bist die Stimme 262
HILDE DOMIN: Tröstung 263
THEODOR FONTANE: Rückblick 264
RAINER MARIA RILKE: Die Spitze 265
HILDE DOMIN: Nachmittag am Guadalquivir 267
STEFAN ZWEIG: Erste Schatten 269
ERNST HALTER: Gravitation 270
ROBERT GERNHARDT: Verliebter Dichter 271
JAN WAGNER: saint-just 272
THEODOR FONTANE: Man hat es oder hat es nicht 273
JOHANN GOTTFRIED HERDER: Der Augenblick 274

Quellenverzeichnis 275

»Glück, o auf der Welt zu sein«

Vom schönen Leben

Rainer Maria Rilke

Du mußt das Leben nicht verstehen

Du mußt das Leben nicht verstehen,
dann wird es werden wie ein Fest.
Und laß dir jeden Tag geschehen
so wie ein Kind im Weitergehen
von jedem Wehen
sich viele Blüten schenken läßt.

Sie aufzusammeln und zu sparen,
das kommt dem Kind nicht in den Sinn.
Es löst sie leise aus den Haaren,
drin sie so gern gefangen waren,
und hält den lieben jungen Jahren
nach neuen seine Hände hin.

Joachim Ringelnatz

Morgenwonne

Ich bin so knallvergnügt erwacht.
Ich klatsche meine Hüften.
Das Wasser lockt. Die Seife lacht.
Es dürstet mich nach Lüften.

Ein schmuckes Laken macht einen Knicks
Und gratuliert mir zum Baden.
Zwei schwarze Schuhe in blankem Wichs
Betiteln mich »Euer Gnaden«.

Aus meiner tiefsten Seele zieht
Mit Nasenflügelbeben
Ein ungeheurer Appetit
Nach Frühstück und nach Leben.

FRANZ WERFEL

Der schöne strahlende Mensch

Die Freunde, die mit mir sich unterhalten,
Sonst oft mißmutig, leuchten vor Vergnügen,
Lustwandeln sie in meinen schönen Zügen
Wohl Arm in Arm, veredelte Gestalten.

Ach, mein Gesicht kann niemals Würde halten,
Und Ernst und Gleichmut will ihm nicht genügen,
Weil tausend Lächeln in erneuten Flügen
Sich ewig seinem Himmelsbild entfalten.

Ich bin ein Korso auf besonnten Plätzen,
Ein Sommerfest mit Frauen und Bazaren,
Mein Auge bricht von allzuviel Erhelltsein.

Ich will mich auf den Rasen niedersetzen,
Und mit der Erde in den Abend fahren.
O Erde, Abend, Glück, o auf der Welt zu sein!!

Johann Gottfried Herder

[Ein Traum, ein Traum ist unser Leben]

Ein Traum, ein Traum ist unser Leben
    Auf Erden hier.
Wie Schatten auf den Wogen schweben
    Und schwinden wir.
Und messen unsere trägen Schritte
    Nach Raum und Zeit;
Und sind (und wissens nicht) in Mitte
    Der Ewigkeit.

August Heinrich Hoffmann von Fallersleben

Wie mein Kind sich freuen kann!

Wie mein Kind sich freuen kann!
Sieht es nur ein Licht,
Sieht es nur ein Blümchen an,
Lächelt sein Gesicht.

Welche Freude wird es sein,
Wenn's im Frühlingsfeld
Laufen kann im Sonnenschein
Durch die Blumenwelt!

Wie's die Händchen dann erhebt
Nach dem Schmetterling!
Wie's nach allem hascht und strebt!
Nichts ist ihm gering.

Und das Hälmchen in dem Ried
Und das Blatt am Strauch,
Alles, alles, was es sieht,
Alles freut es auch.

Und wie wird die Freude sein
In der Sommernacht,
Wenn der Mond mit güldnem Schein
Ihm entgegenlacht!

Freue dich, mein liebes Kind!
Wer sich freuen kann,
Ist, sobald er nur beginnt,
Schon ein beßrer Mann!

Matthias Claudius

Abendlied

Der Mond ist aufgegangen
Die goldnen Sternlein prangen
    Am Himmel hell und klar;
Der Wald steht schwarz und schweiget,
Und aus den Wiesen steiget
    Der weisse Nebel wunderbar.

Wie ist die Welt so stille,
Und in der Dämmrung Hülle
    So traulich und so hold!
Als eine stille Kammer,
Wo ihr des Tages Jammer
    Verschlafen und vergessen sollt.

Seht ihr den Mond dort stehen? –
Er ist nur halb zu sehen,
    Und ist doch rund und schön!
So sind wohl manche Sachen,
Die wir getrost belachen,
    Weil unsre Augen sie nicht sehn.

Wir stolze Menschenkinder
Sind eitel arme Sünder,
    Und wissen gar nicht viel;
Wir spinnen Luftgespinste,
Und suchen viele Künste,
    Und kommen weiter von dem Ziel.

Gott, laß uns *dein* Heil schauen,
Auf nichts Vergänglichs trauen,
    Nicht Eitelkeit uns freun!
Laß uns einfältig werden,
Und vor dir hier auf Erden
    Wie Kinder fromm und frölich sein!

Wollst endlich sonder Grämen
Aus dieser Welt uns nehmen
    Durch einen sanften Tod!
Und wenn du uns genommen,
Laß uns in Himmel kommen,
Du unser Herr und unser Gott!

So legt euch denn, Ihr Brüder,
In Gottes Namen nieder;
    Kalt ist der Abendhauch.
Verschon' uns, Gott! mit Strafen,
Und laß uns ruhig schlafen!
Und unsern kranken Nachbar auch!

Friedrich von Hagedorn

Aufmunterung zum Vergnügen

Erlernt von muntern Herzen
Die Kunst beglückt zu scherzen,
Die Kunst vergnügt zu seyn.
Versucht es. Laßt uns singen,
Das Alter zu verjüngen,
Die Jugend zu erfreun.
Macht neue Freundschaftsschlüsse!
Ihr Kinder, gebt euch Küsse!
Ihr Väter, gebt euch Wein!

WILHELM BUSCH

Es sitzt ein Vogel auf dem Leim ...

Es sitzt ein Vogel auf dem Leim,
Er flattert sehr und kann nicht heim.
Ein schwarzer Kater schleicht herzu,
Die Krallen scharf, die Augen gluh.
Am Baum hinauf und immer höher
Kommt er dem armen Vogel näher.
Der Vogel denkt: Weil das so ist
Und weil mich doch der Kater frißt,
So will ich keine Zeit verlieren,
Will noch ein wenig quinquilieren
Und lustig pfeifen wie zuvor.
Der Vogel, scheint mir, hat Humor.

Der Sommer

Der Sommer, der Sommer,
Das ist die schönste Zeit:
Wir ziehen in die Wälder
Und durch die Au'n und Felder
Voll Lust und Fröhlichkeit.

Der Sommer, der Sommer,
Der schenkt uns Freuden viel:
Wir jagen dann und springen
Nach bunten Schmetterlingen
Und spielen manches Spiel.

Der Sommer, der Sommer,
Der schenkt uns manchen Fund:
Erdbeeren wir uns suchen
Im Schatten hoher Buchen
Und laben Herz und Mund.

Der Sommer, der Sommer,
Der heißt uns lustig sein:
Wir winden Blumenkränze
Und halten Reigentänze
Beim Abendsonnenschein.

JOACHIM RINGELNATZ

Freude

Freude soll nimmer schweigen.
Freude soll offen sich zeigen.
Freude soll lachen, glänzen und singen.
Freude soll danken ein Leben lang.
Freude soll dir die Seele durchschauern.
Freude soll weiterschwingen.
Freude soll dauern
Ein Leben lang.

Robert Gernhardt

Was ist Kunst

Hab'n Sie was mit Kunst am Hut?
Gut.
Denn ich möchte Ihnen allen
etwas auf den Wecker fallen.
Kunst ist was?
Das:
Kunst, das meint vor allen Dingen
andren Menschen Freude bringen
und aus vollen Schöpferhänden
Spaß bereiten, Frohsinn spenden,
denn die Kunst ist eins und zwar
heiter. Und sonst gar nichts. Klar?
Ob das klar ist? Sie ist heiter!
Heiter und sonst gar nichts weiter!
Heiter ist sie! Wird es bald?
Heiter! Hab'n Sie das geschnallt?
Ja? Dann folgt das Resümee;
bitte sehr:
Obenstehendes ist zwar
alles Lüge, gar nicht wahr,
und ich meinte es auch bloß
irgendwie als Denkanstoß –
aber wenn es jemand glaubt:
ist erlaubt.
Mag ja sein, daß wer das mag.
Guten Tag.

Hugo von Hofmannsthal

Was ist die Welt?

Was ist die Welt? Ein ewiges Gedicht,
Daraus der Geist der Gottheit strahlt und glüht,
Daraus der Wein der Weisheit schäumt und sprüht,
Daraus der Laut der Liebe zu uns spricht,

Und jedes Menschen wechselndes Gemüth,
Ein Strahl ist's, der aus dieser Sonne bricht,
Ein Vers, der sich an tausend andre flicht,
Der unbemerkt verhallt, verlischt, verblüht.

Und doch auch eine Welt für sich allein,
Voll süß-geheimer, nie vernommner Töne,
Begabt mit eigner, unentweihter Schöne,

Und keines Andern Nachhall, Widerschein.
Und wenn du gar zu lesen drin verstündest,
Ein Buch, das du im Leben nicht ergründest.

Max Goldt

Die schönste Art, halbtot zu sein
(Gekitzelt werden)

Man ruft »Nicht« und »Nein« und »Laß das sein«
und schreit mehr als beim Verkehren
Gestattet ist es Arm und Bein
sich fast brutal zu wehren

Unerträgliches Nebengebiet
Unerträgliches Nebengebiet des Glücks!

»Oh Gott, ich sterb gleich« denkt man heiter
so stark krampft es in Rumpf und Bauch
und ging's noch eine Stunde weiter
dann stürbe man vermutlich auch

Doch so lang hält man es nicht aus
und der, der kitzelt, sieht das ein
und man genießt als Kindheitsgruß
die schönste Art, halbtot zu sein

Unerträgliches Nebengebiet
Unerträgliches Nebengebiet des Glücks

Ein Sex, den man auch Kindern gönnt
Die Kirche nimmt es hin und schweigt
Doch wenn man alt ist, wie ist's dann?
Kitzelt einen dann noch einer?

Älterer Mensch berichte!
Berichte aber nicht wie's war
als Kunst die Welt schockierte

als Sex noch ungefährlich war
und Drogen noch nicht süchtig machten
und Politik wen interessierte

Berichte nur von heute:
Kitzeln dich noch Leute?

Unerträgliches Nebengebiet
Unerträgliches Nebengebiet des Glücks...

Theodor Fontane

Glück

Sonntagsruhe, Dorfesstille,
Kind und Knecht und Magd sind aus,
Unterm Herde nur die Grille
Musiziert durch das Haus.

Tür und Fenster blieben offen,
Denn es schweigen Luft und Wind,
In uns schweigen Wunsch und Hoffen,
Weil wir ganz im Glücke sind.

Felder rings, – ein Gottessegen
Hügel auf- und niederwärts,
Und auf stillen Gnadenwegen
Stieg auch *uns* er in das Herz.

Uwe Kolbe

Glück

Glück nicht, den Zaunkönig nicht,
    den Kleiber am Stamm, das Amselflöten nicht,
den ganzen idyllischen Morgen nicht,
    barfuß auf den Rasen treten, das nicht,
die linde Luft, das Wolkige, den Zufall
    des Wetters, blassblättrige Rose, nein danke!
Ich lebte als Zufall im Lande des Zufalls
    und schwelgte besoffen in Namen,
einer war Liebe und einer war Glück,
    und einer war der andere.

Glück aus! Glück nicht, den Liebestrank nicht,
    was Dichter zum Verhängnis stilisieren,
Gott aus dem Schnürboden runter,
    den kenne ich mein Lebtag.
Tristan, wach auf, Endhaltestelle,
    der Ausstieg ist hinten!
Glück nicht, aber Zündung, Drehmoment, Aufprall.

Glück nicht, wie war doch der Name der Gottheit,
    die über die Berge hin schritt?
Ihr Schatten streifte mich, ich träumte
    den feuchten Traum der Verachtung.
Glück? Glück ist aus, der Schacht aufgelassen,
    der Ausschank vernagelt.
Ich bin auf dem Weg zu dir,
    ich bringe das Werkzeug mit.

WULF KIRSTEN

die eskaladierwand

welch ein glück, sagt man sich
am ende eines langen lebens,
nicht mehr strammstehn müssen,
hände hart an der hosennaht,
nicht mehr marschiern in kolonne
und gleichschritt halten,
mit schrittwechsel getriezt,
nie mehr auf knien rutschen,
durch kuhfladen robben,
bei widersatz verdroschen
wegen feigheit vorm feind,
nie mehr affenartig hochhangeln
die eskaladierwand hinauf,
schon der anblick ein graus,
einmal lebensgefährlich
danebengeschossen wegen astigmatismus,
wie vorgeschoben, nie mehr
diese kapriolen, welch ein glück,
von dem ich zu sagen weiß.

Robert Gernhardt

Biographie

Ich war zum Unglück vorbestimmt
Ich war als Dulder strukturiert
Ich war auf Leiden angelegt
Ich war fürs Scheitern programmiert:

Ich war der geborene Künstler.

Ich bin ein Hans, das meint: im Glück
Ich bin es voller Ungeduld
Ich bin so sehr auf Freuden aus
Ich bin zum Sieger umgepolt:

Ich bin ein geschworener Lebenskünstler.

»Ja, renn nur nach dem Glück«

Von der Kunst, glücklich zu sein

Johann Wolfgang Goethe

Erinnerung

Willst du immer weiter schweifen?
Sieh, das Gute liegt so nah.
Lerne nur das Glück ergreifen,
Denn das Glück ist immer da.

Wilhelm Busch

Fortuna

Fortuna lächelt,
doch sie mag nur ungern
voll beglücken;
schenkt sie uns
einen Sommertag,
so schenkt sie uns
auch Mücken.

ELISABETH BORCHERS

Was alles braucht's zum Paradies

Ein Warten ein Garten
eine Mauer darum
ein Tor mit viel Schloß und Riegel
ein Schwert eine Schneide aus Morgenlicht
ein Rauschen aus Blättern und Bächen
ein Flöten ein Harfen ein Zirpen
ein Schnauben (von lieblicher Art)
Arzneien aus Balsam und Düften
viel Immergrün und Nimmerschwarz
kein Plagen Klagen Hoffen
kein Ja kein Nein kein Widerspruch
ein Freudenlaut
ein allerlei Wiegen und Wogen
das Spielzeug eine Acht aus Gold
ein Heute und kein Morgen
der Zeitvertreib das Wunder
das Testament aus warmem Schnee
wer kommt wer ginge wieder
Wir werden es erfragen.

Friedrich Schiller

Das Geheimnis

Sie konnte mir kein Wörtchen sagen,
Zu viele Lauscher waren wach;
Den Blick nur durft' ich schüchtern fragen,
Und wohl verstand ich, was er sprach.
Leis' komm' ich her in deine Stille,
Du schön belaubtes Buchenzelt,
Verbirg in deiner grünen Hülle
Die Liebenden dem Aug' der Welt!

Von ferne mit verworrnem Sausen
Arbeitet der geschäft'ge Tag,
Und durch der Stimmen hohles Brausen
Erkenn' ich schwerer Hämmer Schlag.
So sauer ringt die kargen Loose
Der Mensch dem harten Himmel ab;
Doch leicht erworben, aus dem Schooße
Der Götter fällt das Glück herab.

Daß ja die Menschen nie es hören,
Wie treue Lieb' uns still beglückt!
Sie können nur die Freude stören,
Weil Freude nie sie selbst entzückt.
Die Welt wird nie das Glück erlauben,
Als Beute wird es nur gehascht;
Entwenden mußt du's oder rauben,
Eh' dich die Mißgunst überrascht.

Leis' auf den Zehen kommt's geschlichen;
Die Stille liebt es und die Nacht;
Mit schnellen Füßen ist's entwichen,

Wo des Verräthers Auge wacht.
O, schlinge dich, du sanfte Quelle,
Ein breiter Strom, um uns herum,
Und, drohend mit empörter Welle,
Vertheidige dies Heiligthum!

Karl Krolow

Ziemlich viel Glück

Ziemlich viel Glück
Gehört dazu,
Daß ein Körper auf der Luft
Zu schweben beginne
Mit Brust, Achsel und Knie,
Und auf dieser Luft
Einem anderen Körper begegne,
Wie er
Unterwegs.
Die Atmosphäre macht
Zwei innige Torsen aus ihnen.
Unbemerkt beschreibt ihr Entzücken
Zärtliche Linien in Baumkronen.
Eine ganze Zeit noch
Ist ihr Flüstern zu vernehmen,
Und wie sie einander
Das schenken,
Was leicht an ihnen ist.

Glücklichsein beginnt immer
Ein wenig über der Erde.

Aber niemand hat es beobachten können.

Annette von Droste-Hülshoff

Das Ich der Mittelpunkt der Welt

Jüngst hast die Phrase scherzend du gestellt:
»Wer Reichtum, Liebe will und Glück erlangen,
Der mache sich zum Mittelpunkt der Welt,
Zum Kreise, drin sich alle Strahlen fangen.«
Dein Wort, mein Freund, war wie des Tempels Tür:
Die Inschrift draußen und das Volksgedränge,
Doch durch die Spalten blinkt der Lampen Zier,
Ziehn Opferduft und heilige Gesänge.

Wie könnte jemals wohl des Glückes Born
Aus anderm als dem eignen Herzen fließen,
Aus welcher Schale wohl des Himmels Zorn
Als aus der selbstgebotnen sich ergießen!
O glücklich sein, geliebt und glücklich sein –
Möge ein Engel mir die Pfade deuten!
Da schwillt des Tempels Vorhang, zart und rein
Hör' ich's wie Echo durch die Falten gleiten.

Standest an einem Krankenbett du je
Nach wochenlangen selbstvergeßnen Sorgen,
Hobst deine schweren Wimpern in die Höh
Zu heißem Dankgebete an dem Morgen,
Und sahst um des Genesenden Gesicht
Ein neuerwachtes Seelenschimmern schweben
Und einen Liebesblick auf dich, wie nicht
Ihn Freund und nicht Geliebte können geben?

Hieltest du je den Griffel in der Hand
Und rechnetest mit frohem Geiz zusammen
Die Groschen, die du selber dir entwandt,

Schien jeder Heller dir wie Gold zu flammen
Des Schatzes für den fremden Sorgenpfühl,
Um den du deine Freuden schlau betrogen,
Und hast in deines Reichtums Vollgefühl
Tief, tief den Odem in die Brust gezogen?

Und der Moment, wo eine Rechte schwimmt
Ob teurem Haupte mit bewegtem Segen,
Wo sie das Herz vom eignen Herzen nimmt,
Um freudig an das fremde es zu legen:
Hast du ihn je erlebt und standest dann,
Die Arme still und freundlich eingeschlagen,
Selig berechnend, welche Früchte kann,
Wie liebliche das neue Bündnis tragen?

Dann bist du glücklich, bist geliebt und reich,
Ein Fels, an dem sich alle Blitze spalten,
Dann mag dein Kranz verwelken, mögen bleich
Krankheit und Alter dir die Stirne falten;
Dann bist der Mittelpunkt du deiner Welt,
Der Kreis, aus dem die Freudenstrahlen quillen,
Und was so frisch der Bäche Ufer schwellt,
Wie sollte seinen Born es nicht erfüllen!

Monika Rinck

Mein Denken

ich hab heute mittag mein denken gesehen,
es war eine abgeweidete wiese mit buckeln. wobei,
es könnten auch ausläufer bemooster bergketten sein,
jener grünfilzige teppich, den rentiere fressen.
nein, einfach eine rege sich wölbende landschaft jenseits
der baumgrenze, und sie war definitiv geschoren.
die gedanken gingen leicht schwindelnd darüber
wie sichtbar gemachte luftströme, nein eigentlich vielmehr
wie eine flotte immaterieller hovercrafts. sie nutzten
die buckel   als schanze.

Arno Holz

Religionsphilosophie

O Herr, aus tiefer Not
schrei ich zu dir hinauf:
Gib mir mein täglich Brot
und etwas Butter drauf!
Ein Stückchen Leberwurst
wär schließlich auch nicht ohne;
du weißt, mein Teufelsdurst
ist deiner Schöpfung Krone!

Wär nur mein alter Hut
nicht so entsetzlich schief;
du weißt nicht, wie das tut,
doch hier, hier brennt es tief:
Mein Flaus hält nur soso,
ich wollt, er wäre wärmer;
ein Winterpaletot
macht dich doch auch nicht ärmer!

Du siehst, mir fehlt noch viel,
und meine Seele schreit,
ich finde keinen Stil
vor lauter Frömmigkeit!
Doch sei's. Ich bin ein Mann
und will mich nicht erdreisten,
nur mußt du dann und wann
mir auch was Extras leisten!

Für Klärchen einen Zopf,
ein Küh für meine Frau
und Sonntags in den Topf

womöglich eine Sau!
Und lässt du einmal, gehts,
mich Kalkulator werden,
dann will ich dir auch stets
erkenntlich sein auf Erden!

Dann halt ich hübsch den Mund
bei andrer Spott und Hohn
und gründe einen Bund
für innere Mission.
Mein Fritz muß fürchterlich
Theologie studieren
und schließlich laß ich mich
zum Kirchenrat kreieren!

Doch wenn du filzig bist,
dann dank ich für die Kur;
dann werd ich Atheist
und wähle bebelsch nur!
Dann mag Altar und Thron
nur dreist zusammenbrechen,
dann werd ich deinen Lohn
in Gold und Blut dir blechen!

Doch, wie man's treibt, so gehts.
Mein Los wägt deine Hand,
und eine wäscht ja stets
die andre hierzuland.
So nimm mein Herz denn hin,
ich will's dir ja nicht schenken;
daß ich Geschäftsmann bin,
Wirst du mir nicht verdenken!

Drum, Herr, aus tiefster Not
schrei ich zu dir hinauf:
Gib mir mein täglich Brot
und etwas Butter drauf!
Ein Stückchen Leberwurst
wär schließlich auch nicht ohne,
du weißt, mein Teufelsdurst
ist deiner Schöpfung Krone!

Franz Werfel

Ich habe eine gute Tat getan

Herz frohlocke!
Eine gute Tat habe ich getan.
Nun bin ich nicht mehr einsam.
Ein Mensch lebt,
Es lebt ein Mensch,
Dem die Augen sich feuchten,
Denkt er an mich.
Herz, frohlocke:
Es lebt ein Mensch!
Nicht mehr, nein, nicht mehr bin ich einsam,
Denn ich habe eine gute Tat getan,
Frohlocke, Herz!

Nun haben die seufzenden Tage ein Ende.
Tausend gute Taten will ich tun!
Ich fühle schon,
Wie mich alles liebt,
Weil ich alles liebe!
Hinström ich voll Erkenntniswonne!
Du mein letztes, süßestes,
Klarstes, reinstes, schlichtestes Gefühl!
Wohlwollen!
Tausend gute Taten will ich tun.

Schönste Befriedigung
wird mir zuteil:
Dankbarkeit!
Dankbarkeit der Welt.
Stille Gegenstände
Werfen sich mir in die Arme.

Stille Gegenstände,
Die ich in einer erfüllten Stunde
Wie brave Tiere streichelte.

Mein Schreibtisch knarrt,
Ich weiß, er will mich umarmen.
Das Klavier versucht mein Lieblingsstück zu tönen.
Geheimnisvoll und ungeschickt
Klingen alle Saiten zusammen.
Das Buch, das ich lese,
Blättert von selbst sich auf.

Ich habe eine gute Tat getan.
Einst will ich durch die grüne Natur wandern,
Da werden mich die Bäume
Und Schlingpflanzen verfolgen,
Die Kräuter und Blumen
Holen mich ein,
Tastende Wurzeln umfassen mich schon,
Zärtliche Zweige
Binden mich fest,
Blätter überrieseln mich,
Sanft wie ein dünner,
Schütterer Wassersturz.
Viele Hände greifen nach mir,
Viele grüne Hände,
Ganz umnistet
Von Liebe und Lieblichkeit
Steh ich gefangen.

Ich habe eine gute Tat getan,
Voll Freude und Wohlwollens bin ich
Und nicht mehr einsam
Nein, nicht mehr einsam.
Frohlocke, mein Herz!

HILDE DOMIN

Schöner

Schöner sind die Gedichte des Glücks.

Wie die Blüte schöner ist als der Stengel
der sie doch treibt
sind schöner die Gedichte des Glücks.

Wie der Vogel schöner ist als das Ei
wie es schön ist wenn Licht wird
ist schöner das Glück.

Und sind schöner die Gedichte
die ich nicht schreiben werde.

Friedrich Hölderlin

Ehemals und jetzt

In jüngern Tagen war ich des Morgens froh,
Des Abends weint ich; jetzt, da ich älter bin,
Beginn ich zweifelnd meinen Tag, doch
Heilig und heiter ist mir sein Ende.

HEINRICH HEINE

Das Glück ist eine leichte Dirne

Das Glück ist eine leichte Dirne,
Und weilt nicht gern am selben Ort;
Sie streicht das Haar dir von der Stirne
Und küsst dich rasch und flattert fort.

Frau Unglück hat im Gegenteile
Dich liebefest ans Herz gedrückt;
Sie sagt, sie habe keine Eile,
Setzt sich zu dir ans Bett und strickt.

Friedrich Nietzsche

Meine Rosen

Ja! Mein Glück – es will beglücken –,
Alles Glück will ja beglücken!
Wollt ihr meine Rosen pflücken?

Müsst euch bücken und verstecken
Zwischen Fels und Dornenhecken,
Oft die Fingerchen euch lecken!

Denn mein Glück – es liebt das Necken!
Denn mein Glück – es liebt die Tücken! –
Wollt ihr meine Rosen pflücken?

CHRISTIAN HOFFMANN VON HOFFMANNSWALDAU

Lob der Vergnügung

Wohl dem der sich vergnüget,
Und Freudigkeit stets seine Freundin nennt,
Der an Begierd und Geitz nicht als an Ketten lieget,
Den frembde Wolfarth nicht wie ein Nessel brennt;
Freund und Vergnügung kan den Wermuthsafft versüssen,
Und Traurigkeit verbleibt des Teuffels Schulterküssen.

Nichts kan hier ewig währen,
Sturm und Orkan muß endlich doch vergehn,
Des Unfalls Fessel will der Zeiten Rost verzehren;
Die Morgenröthe selbst muß aus der Nacht entstehn;
Den Strauch, darauf man ietzt nur Dornen kan verspüren,
Wird bald ein Rosenknopff von hundert Blättern zieren.

Ein auffgeweckt Gemüthe
Verzaget nicht, wenn scharffer Donner kracht,
Es anckert stets getrost auf seines Schöpffers Güte,
Der mehrmal Last zur Lust, und Gift zu Labsal macht,
Ein Centner Ungeduld ist kein so kräfftig Stücke,
Daß er vertilgen könt ein Quentlein Ungelücke.

Sein eigen Hertze fressen
Ist eine Kost, die Fleisch und Witz verzehrt,
Der hat gar Gottes Macht, und Menschen Pflicht vergessen,
So sich durch Kummerbrodt, und Thränenwasser nehrt,
Ein leichter Fliegenfuß kan Narren traurig machen,
Und ein gesetzter Geist wird auf den Dornen lachen.

  Der Schönheit edles Prangen
Schaut Eyfersucht wie Schierlingsblumen an,
Die ungezähmte Lust, was neues zu erlangen,
Macht, daß das alte man nicht recht geniessen kan;
Wer ihm Begierd und Geitz läßt Hertz und Sinnen binden,
Der wird Gebruch und Angst in Lust und Reichthum finden.

  Ein Hertze voller Freude
Heist scharffes Salz Canarizucker seyn,
Sein Wasser wird zu Wein, sein Garn zu weisser Seide:
Ein bleicher Mondenblick wird ihm zu Sonnenschein;
Wer sich vergnügen kan schmeckt nichts als Amberkuchen,
Und Unvergnüglichkeit macht lauter Marterwochen.

  Was nutzen Schätz und Güter?
Was hilfft uns doch viel Schönheit, Ehr und Pracht,
Vergnügung ist allein das Reichthum der Gemüther;
Der bleibet ewig arm, der stets nach mehrem tracht;
Wem nicht durch Unlustgifft des Geistes Kräffte schwinden,
Der wird sein Paradiß auch in der Wüste finden.

Bertolt Brecht

Ballade von der Unzulänglichkeit menschlichen Planens

Der Mensch lebt durch den Kopf
Der Kopf reicht ihm nicht aus
Versuch es nur, von deinem Kopf
Lebt höchstens eine Laus.
Denn für dieses Leben
Ist der Mensch nicht schlau genug.
Niemals merkt er eben
Diesen Lug und Trug.

Ja, mach nur einen Plan!
Sei nur ein großes Licht!
Und mach dann noch 'nen zweiten Plan
Gehn tun sie beide nicht.
Denn für dieses Leben
Ist der Mensch nicht schlecht genug.
Doch sein höh'res Streben
Ist ein schöner Zug.

Ja, renn nur nach dem Glück
Doch renne nicht allzu sehr
Denn alle rennen nach dem Glück
Das Glück rennt hinterher.
Denn für dieses Leben
Ist der Mensch nicht anspruchslos genug.
Drum ist all sein Streben
Nur ein Selbstbetrug.

Der Mensch ist gar nicht gut
Drum hau ihn auf den Hut.
Hast du ihm auf dem Hut gehaun
Dann wird er vielleicht gut.
Denn für dieses Leben
Ist der Mensch nicht gut genug
Darum haut ihm eben
Ruhig auf den Hut.

Kurt Tucholsky

Das Ideal

Ja, das möchste:
Eine Villa im Grünen mit großer Terrasse,
vorn die Ostsee, hinten die Friedrichstraße;
mit schöner Aussicht, ländlich-mondän,
vom Badezimmer ist die Zugspitze zu sehn –
aber abends zum Kino hast du's nicht weit.

Das Ganze schlicht, voller Bescheidenheit:

Neun Zimmer, – nein, doch lieber zehn!
Ein Dachgarten, wo die Eichen drauf stehn,
Radio, Zentralheizung, Vakuum,
eine Dienerschaft, gut gezogen und stumm,
eine süße Frau voller Rasse und Verve –
(und eine fürs Wochenend, zur Reserve) –,
eine Bibliothek und drumherum
Einsamkeit und Hummelgesumm.

Im Stall: Zwei Ponys, vier Vollbluthengste,
acht Autos, Motorrad – alles lenkste
natürlich selber – das wär' ja gelacht!
Und zwischendurch gehst du auf Hochwildjagd.

Ja, und das hab' ich ganz vergessen:
Prima Küche – erstes Essen –
alte Weine aus schönem Pokal –
und egalweg bleibst du dünn wie ein Aal.
Und Geld. Und an Schmuck eine richtige Portion.
Und noch 'ne Million und noch 'ne Million.
Und Reisen. Und fröhliche Lebensbuntheit.
Und famose Kinder. Und ewige Gesundheit.

Ja, das möchste!

Aber, wie das so ist hienieden:
manchmal scheint's so, als sei es beschieden
nur pöapö, das irdische Glück.
Immer fehlt dir irgendein Stück.
Hast du Geld, dann hast du nicht Käten;
hast du die Frau, dann fehl'n dir Moneten –
hast du die Geisha, dann stört dich der Fächer:
bald fehlt uns der Wein, bald fehlt uns der Becher.

Etwas ist immer.

        Tröste dich

Jedes Glück hat einen kleinen Stich.
Wir möchten so viel: Haben. Sein. Und gelten.
Daß einer alles hat:
        das ist selten.

Max Dauthendey

Glück

Was suchst du?
Warte und wache so laut du kannst.
Wache und horche.
Das Glück, das berauschende, wonnezitternde Glück,
Es kommt nie. Es ist.
Es umarmt dich jäh,
Aus der pochenden Ahnung geboren.

Rosen, starke schwellende Rosen häufen ihren Duft.
Das ist sein Atem.
Und sein Lachen?
Es gibt nur *ein* Lachen.
Und das Lachen heißt »Glück«.

Und seine Augen! O diese Augen,
Die Strahlenblume des Himmels,
Der Sternentau silberner Nächte,
Schrill und melodisch.
Aber so ist es nicht immer.
Es kriegt in sich,
Lustsaugend an der Erinnerung.

Und dann leben die blendenden Träume,
Versteinert, stumpf und hart,
Wie des Mondlichts marmorne Lilien.
Aber nicht lange.

Wühlende Glockenlaute,
Taumelnd, schwelgend,
Von Freude gewiegt,

In Freude schwingend und schäumend
Das ist seine Stimme,
Seine allüberflutende Stimme.

Wird es nie müde?
Müde! Todesmüde.
Aber dann ist es nicht mehr,
Und wird nie mehr sein.

Es flackert noch rot,
Rot, purpurrot,
Aber ohne glühende Kraft,
Nur noch die Farbe von Flammen und Rosen.
Stockend kalt ekelgeronnenes Blut.

So ernst wird es dann,
Und so angstfromm,
Und Weihrauch kriecht ihm zu Füßen.

Tief im Dunkel,
In modernder Einsamkeit
Tasten die blassen welken Gedanken.
Horch! Harfen, ferne, ferne Harfen …
Da breitet die Sehnsucht
Schluchzend die Arme:
O Glück! Glück!
O Glück!

Robert Gernhardt

Rede vom Glück

Wie übers Glück reden?
Wenn das einmal glückte:
Wäre das nicht das Glück?

Mir glückte es nie,
das Glück zu beschwören
ohne Unglücksgrundierung.

Als ob das Glück,
um zu glücken, bedürfte
der Folie des Unglücks.

Braucht nicht das Unglück
vielmehr das Glück,
das Mißglücken das Glücken?

Der Wortstamm ist: Glücken.
Mißglücken, Nichtglücken:
Verunglückte Zweige,

Glücklose Triebe
auf glückhaft wurzelndem
Grundglück.

Vor allem Unglück
war Glück. Vor allem
Mißglücken glückte es.

Ihr glücklichen Tage!
Nur wen ihr beglückt,
der kennt glücklose Nächte.

Wir glücklichen Menschen!
Vor unserem Glück erst
erstrahlt hell euer Unglück.

Theodor Storm

Trost

So komme, was da kommen mag!
So lang du lebest, ist es Tag.

Und geht es in die Welt hinaus,
Wo du mir bist, bin ich zu Haus.

Ich seh dein liebes Angesicht.
Ich sehe die Schatten der Zukunft nicht.

Frank Wedekind

Erdgeist

Greife wacker nach der Sünde;
Aus der Sünde wächst Genuss.
Auch du gleichest einem Kinde,
Dem man alles zeigen muss.

Meide nicht die ird'schen Schätze:
Wo sie liegen, nimm sie mit.
Hat die Welt doch nur Gesetze,
Dass man sie mit Füßen tritt.

Glücklich, wer geschickt und heiter
Über frische Gräser hopst.
Tanzend auf der Galgenleiter
Hat sich keiner noch gemopst.

Theodor Fontane

Es kribbelt und wibbelt weiter

Die Flut steigt bis an den Arrarat
Und es hilft keine Rettungsleiter,
Da bringt die Taube Zweig und Blatt –
Und es kribbelt und wibbelt weiter.

Es sicheln und mähen von Ost nach West
Die apokalyptischen Reiter,
Aber ob Hunger, ob Krieg, ob Pest,
Es kribbelt und wibbelt weiter.

Ein Gott wird gekreuzigt auf Golgatha,
Es brennen Millionen Scheiter,
Märtyrer hier und Hexen da,
Doch es kribbelt und wibbelt weiter.

So banne dein Ich in dich zurück
Und ergib dich und sei heiter;
Was liegt an dir und deinem Glück?
Es kribbelt und wibbelt weiter.

Friedrich Hölderlin

Der Jüngling
An die klugen Ratgeber

Ich sollte ruhn? Ich soll die Liebe zwingen,
Die feurigfroh nach hoher Schöne strebt?
Ich soll mein Schwanenlied am Grabe singen,
Wo ihr so gern lebendig uns begräbt?
O schonet mein! Allmächtig fortgezogen,
Muß immerhin des Lebens frische Flut
Mit Ungeduld im engen Bette wogen,
Bis sie im heimatlichen Meere ruht.

Des Weins Gewächs verschmäht die kühlen Tale,
Hesperiens beglückter Garten bringt
Die goldnen Früchte nur im heißen Strahle,
Der, wie ein Pfeil, ins Herz der Erde dringt.
Was sänftiget ihr dann, wenn in den Ketten
Der ehrnen Zeit die Seele mir entbrennt,
Was nimmt ihr mir, den nur die Kämpfe retten,
Ihr Weichlinge! mein glühend Element?

Das Leben ist zum Tode nicht erkoren,
Zum Schlafe nicht der Gott, der uns entflammt,
Zum Joch ist nicht der Herrliche geboren,
Der Genius, der aus dem Aether stammt;
Er kommt herab; er taucht sich, wie zum Bade,
In des Jahrhunderts Strom und glücklich raubt
Auf eine Zeit den Schwimmer die Najade,
Doch hebt er heitrer bald sein leuchtend Haupt.

Drum laßt die Lust, das Große zu verderben,
Und geht und sprecht von eurem Glücke nicht!
Pflanzt keinen Zedernbaum in eure Scherben!
Nimmt keinen Geist in eure Söldnerspflicht!
Versucht es nicht, das Sonnenroß zu lähmen!
Laßt immerhin den Sternen ihre Bahn!
Und mir, mir ratet nicht, mich zu bequemen,
Und macht mich nicht den Knechten untertan.

Und könnt ihr ja das Schöne nicht ertragen,
So führt den Krieg mit offner Kraft und Tat!
Sonst ward der Schwärmer doch ans Kreuz geschlagen,
Jetzt mordet ihn der sanfte kluge Rat;
Wie manchen habt ihr herrlich zubereitet
Fürs Reich der Not! wie oft auf euern Sand
Den hoffnungsfrohen Steuermann verleitet
Auf kühner Fahrt ins warme Morgenland!

Umsonst! mich hält die dürre Zeit vergebens,
Und mein Jahrhundert ist mir Züchtigung;
Ich sehne mich ins grüne Feld des Lebens
Und in den Himmel der Begeisterung;
Begrabt sie nur, ihr Toten, eure Toten,
Und preist das Menschenwerk und scheltet nur!
Doch reift in mir, so wie mein Herz geboten,
Die schöne, die lebendige Natur.

Kurt Tucholsky

Mit einem japanischen Gott

Da hockt der dicke Gott und grinst,
der schwere Bauch in düsteren Falten...
und über des Geschickes Walten
sitzt jener ruhig da und blinzt...

O Wandrer, lüfte deinen Hut!
Denn dieser strebt zum Idealen.
Was weiß er von des Denkens Qualen?
Er existiert und damit gut!

Theodor Fontane

Man hat es oder hat es nicht

Nur als Furioso nichts erstreben
Und fechten, bis der Säbel bricht,
Es muß sich dir von *selber* geben,
Man hat es oder hat es nicht.

Der Weg zu jedem höchsten Glücke,
Wär das Gedräng auch noch so dicht,
Ist keine Beresina-Brücke, –
Man hat es oder hat es nicht.

Glaub nicht, du könnst es *doch* erklimmen
Und Wolln sei höchste Kraft und Pflicht,
Was *ist*, ist durch Vorherbestimmen, –
Man hat es oder hat es nicht.

Stefan Zweig

Der Forscher

Und manchmal wächst mein Leid zu wilden Qualen,
Wenn ich da sehe, wie in hohlen, schalen
Gewohnheitsmenschen ein Gefühl erwacht,
Das sie so kläglich und – so glücklich macht.

Und ich, ich türm' im Geiste Welt auf Welten,
Der dunklen Weisheit Rätselsprüche, sie zerschellten
Zu reiner Klarheit stets vor meinem Blick. –
Doch mich verlangt nach jener *Toren* Glück,

Zu spüren, wie sich durch verschloß'ne Türen
Der Seele ungekannte Stürme rühren,
Bis sie erbebt vor innerlicher Kraft,
Die sie vernichtet – und dann neu erschafft.

Und jähe Sehnsucht faßt mich, all' mein Streben
Für dieses Glück der Liebe hinzugeben,
Zu lassen Ziel und Pfade und allein
Nur einer von den *Tausenden* zu sein …

ROBERT GERNHARDT

Beispiel Bella zum Zweiten

»Über jeden Morgenausgang
Freut die Bella sich wie Bolle.
Manchmal habe ich den Eindruck,
Daß sie mir was sagen wolle –«

»Mensch, du willst vom Hunde lernen?
Hund, lehr du den Mensch das Freuen,
Und die Freude jeden Morgen
Selbstvergessen zu erneuen.«

Theodor Fontane

Nicht Glückes bar sind deine Lenze

Nicht Glückes bar sind deine Lenze,
Du forderst nur des Glücks zu viel;
Gib deinem Wunsche Maß und Grenze,
Und dir entgegen kommt das Ziel.

Wie dumpfes Unkraut laß vermodern,
Was in dir noch des Glaubens ist:
Du hättest doppelt einzufodern
Des Lebens Glück, weil du es bist.

Das Glück, kein Reiter wird's erjagen,
Es ist nicht dort, es ist nicht hier;
Lern' überwinden, lern' entsagen,
Und ungeahnt erblüht es dir.

Isolde Kurz

Wegwarte

Mit nackten Füßchen am Wegesrand,
die Augen still ins Weite gewandt,
saht ihr bei Ginster und Heide
das Mädchen im blauen Kleide?

– Das Glück kommt nicht in mein armes Haus,
drum stell ich mich hier an den Weg heraus;
und kommt es zu Pferde, zu Fuße,
ich tret' ihm entgegen mit Gruße.

Es ziehen der Wanderer mancherlei
zu Pferd, zu Fuß, zu Wagen vorbei.
– Habt ihr das Glück nicht gesehen?
Die lassen sie lachend stehen.

Der Weg wird stille, der Weg wird leer,
– so kommt denn heute das Glück nicht mehr?
Die Sonne geht rötlich nieder,
ihr starren im Wind die Glieder.

Der Regen klatscht ihr ins Angesicht,
sie steht noch immer, sie merkt es nicht:
– Vielleicht es ist schon gekommen,
hat die andere Straße genommen.

Die Füßchen wurzeln am Boden ein,
zu Blumen wurde der Augen Schein,
sie fühlt's und fühlt's wie im Traume,
sie wartet am Wegessaume.

Robert Gernhardt

Trost und Rat

Ja wer wird denn gleich verzweifeln,
weil er klein und laut und dumm ist?
Jedes Leben endet. Leb so,
daß du, wenn dein Leben um ist,
von dir sagen kannst: Na wenn schon!
Ist mein Leben jetzt auch um,
habe ich doch was geleistet:
Ich war klein *und* laut *und* dumm.

»Faul zu sein, sei meine Pflicht«

Von Genuss und Müßiggang

BERTOLT BRECHT

Vergnügungen

Der erste Blick aus dem Fenster am Morgen
Das wiedergefundene alte Buch
Begeisterte Gesichter
Schnee, der Wechsel der Jahreszeiten
Die Zeitung
Der Hund
Die Dialektik
Duschen, Schwimmen
Alte Musik
Bequeme Schuhe
Begreifen
Neue Musik
Schreiben, Pflanzen
Reisen
Singen
Freundlich sein.

Theodor Storm

Oktoberlied

Der Nebel steigt, es fällt das Laub;
Schenk ein den Wein, den holden!
Wir wollen uns den grauen Tag
Vergolden, ja vergolden!

Und geht es draußen noch so toll,
Unchristlich oder christlich,
Ist doch die Welt, die schöne Welt,
So gänzlich unverwüstlich!

Und wimmert auch einmal das Herz –
Stoß an und laß es klingen!
Wir wissen's doch, ein rechtes Herz
Ist gar nicht umzubringen.

Der Nebel steigt, es fällt das Laub;
Schenk ein den Wein, den holden!
Wir wollen uns den grauen Tag
Vergolden, ja vergolden!

Wohl ist es Herbst; doch warte nur,
Doch warte nur ein Weilchen!
Der Frühling kommt, der Himmel lacht,
Es steht die Welt in Veilchen.

Die blauen Tage brechen an,
Und ehe sie verfließen,
Wir wollen sie, mein wackrer Freund,
Genießen, ja genießen!

Carl Zuckmayer

Das Essen

Ein Mensch beim Essen ist ein gut Gesicht,
Wenn er nichts denkt und nur die Kiefer mahlen,
Die Zähne malmen und die Blicke strahlen
Von einem sonderbaren Urweltlicht.

Vorspeisen sind wie Segel über Buchten,
Schlank und zum Hafen schnellend in erregter Fahrt,
Indes die schweren Fleischgerichte wuchten
Gewaltig über Wiesen von Gemüsen zart.

Welch ein entzücktes Spiel: zu hohen Festen
Erlesner Bissen Liebreiz zu erflehn,
Und welche Lust: sich mächtig vollzumästen,
Satt und mit Saft gefüllt vom Hals bis zu den Zeh'n.

Fischfleisch ist weiß und heilig oder rosen,
Und manchmal rauchgebeizt und lauchgewürzt.
Auch kleine Fische gibt's in blanken Dosen,
Die man wie Schnäpse jach hinunterstürzt.

Wildbret: Du Perle Cumberlands, von edler Fäule,
Und nackter Horden rohgebratner Fraß!
Wohl dem, der Schneehuhn oder Rentierkeule
(Gespickt, mit Sahne) hoch im Norden aß.

Beefsteak tatare ist fast so stark an Gnade
Wie ein am Grill gebratnes Lendenstück,
Und viele Götter leben im Salate,
Saftrot und samenkerngeschwellt das Weib Tomate,
Und grünes Kraut im Frühling ist ein kühles Glück.

Wenn du Kartoffeln oder Spargel ißt,
Schmeckst du den Sand der Felder und den Wurzelsegen,
Des Himmels Hitze und den großen Regen,
Die kühlen Wässer und den warmen Mist.

Laßt mich hier schweigen vom Besoffensein,
Vom tiefsten, tödlichsten Hinübergleiten,
Vom hellsten, wachsten Indiewindereiten,
Die Welt ist groß und unser Wort ist klein.

Laßt mich hier schweigen von dem Blutgericht
Geheimster Liebe in verrauschten Zeiten –
Laßt mich nur essen, dankbar und bescheiden –
Ein Mensch beim Essen ist ein gut Gesicht.

RICHARD DEHMEL

Mein Trinklied

Noch eine Stunde, dann ist Nacht;
trinkt, bis die Seele überläuft,
    Wein her, trinkt!
Seht doch, wie rot die Sonne lacht,
die dort in ihrem Blut ersäuft;
    Glas hoch, singt!
Singt mir das Lied vom Tode und vom Leben,
djagloni gleia glühlala!
Klingklang, seht: schon welken die Reben.
Aber sie haben uns Trauben gegeben!
    Hei! –

Noch eine Stunde, dann ist Nacht.
Im blassen Stromfall ruckt und blinzt
    ein Geglüh:
der rote Mond ist aufgewacht,
da kuckt er übern Berg und grinst:
    Sonne, hüh!
Singt mir das Lied vom Tode und vom Leben:
Mund auf, lacht! Das klingt zwar sündlich,
klingklang, sündlich! Aber eben:
trinken und lachen kann man bloß mündlich
    Hüh! –

Noch eine Stunde, dann ist Nacht;
wächst übern Strom ein Brückenjoch,
    hoch, o hoch.
Ein Reiter kommt, die Brücke kracht;
saht ihr den schwarzen Reiter noch?
    Dreimal hoch!!!

Singt mir das Lied vom Tode und vom Leben,
djagloni, Scherben, klirrlala!
Klingklang: neues Glas! Trinkt, wir schweben
über dem Leben, an dem wir kleben!
      Hoch! –

Kurt Tucholsky

Der Sucher

Such – such
suche immer nach dem Geld.
Dann kommt es an.
Such – such
such es auf der ganzen Welt!
Denk immer dran!
    Krieche ihm nach.
    Leck auf seine Spur!
    Sei nicht schwach –
    denk immer nur:
Verdienen! Verdienen! Verdienen!
Verdienen! Verdienen! Verdienen!
    Ernst ist die Spekulation.
    Aber lieben – aber lieben –
    aber lieben mußt du es schon.

Such – such
suche immer den Erfolg.
Dann kommt er an.
Pfeif – pfeif –
pfeife auf das ganze Volk!
Tritt auf den Vordermann!
    Schmeichle der Macht!
    Sag immer Ja.
    Bei Tag und bei Nacht.
    Halleluja – Hurra!
Nach oben! Nach oben! Nach oben!
Nach oben! Nach oben! Nach oben!
    Geld winkt dir als Lohn.
    Aber lieben – aber lieben –
    aber lieben mußt du es schon.

Such – such
suche immer nach dem Glück.
Dann kommt es – wenn es will.
Dein Herz
ist ein Serienstück;
einmal steht es still.
Wenn du dich dann
nach dem goldnen Tanz
präsentierst
zur großen Bilanz:
  »Ich hoffe, man wird mich hier loben!
  Da unten lag ich immer oben!«
Kann sein, daß DIE STIMME spricht:
Mensch, dein Leben –
  Mensch, dein Leben –
Ja, ein Leben war das nicht.

Thomas Brasch

Der schöne 27. September

Ich habe keine Zeitung gelesen.
Ich habe keiner Frau nachgesehn.
Ich habe den Briefkasten nicht geöffnet.
Ich habe keinem einen Guten Tag gewünscht.
Ich habe nicht in den Spiegel gesehn.
Ich habe mit keinem über alte Zeiten gesprochen und
mit keinem über neue Zeiten.
Ich habe nicht über mich nachgedacht.
Ich habe keine Zeile geschrieben.
Ich habe keinen Stein ins Rollen gebracht.

Georg Herwegh

Die Geschäftigen

Nicht Einen Hauch vergeuden sie, nicht Einen,
    Nein, Alles wird gleich für den Markt geboren,
    Kein Herzensschlag geht ohne Zins verloren,
Die Herren machen Brot aus Ihren Steinen.

Sie machen Brot aus Lachen und aus Weinen –
    Ich hab' mir die Beschaulichkeit erkoren,
    Und niemals streng gerechnet mit den Horen,
Ich denke fromm: »Gott gibt's im Schlaf den Seinen!«

Ich kann des Lebens banggeschäftig Rauschen,
    Dies laute Tun und Treiben nicht verstehn,
Und möcht' mein einsam Glück nicht drum vertauschen.

Laßt mich die stillen Pfade weiter gehn,
    Der Wolken und der Sterne Zug belauschen,
Und schönen Kindern in die Augen sehn!

JOACHIM RINGELNATZ

Sommerfrische

Zupf dir ein Wölkchen aus dem Wolkenweiß,
Das durch den sonnigen Himmel schreitet.
Und schmücke den Hut, der dich begleitet,
Mit einem grünen Reis.

Verstecke dich faul in die Fülle der Gräser.
Weil's wohltut, weil's frommt.
Und bist du ein Mundharmonikabläser
Und hast eine bei dir, dann spiel, was dir kommt.

Und laß deine Melodien lenken
Von dem freigegebenen Wolkengezupf.
Vergiß dich. Es soll dein Denken
Nicht weiter reichen als ein Grashüpferhupf.

Robert Gernhardt

Klinik-Lied

So lieg ich hier
und denke mir
mein Teil zu manchen Dingen:
Nicht alles muß gelingen.
Du mußt's nicht immer bringen.
Du mußt nicht immer siegen.
Nur laß dir eins beibiegen:
Beim Aufdernaseliegen
gib bitte nicht den Heitern –
versag nicht auch beim Scheitern.

KURT TUCHOLSKY

Parc Monceau

Hier ist es hübsch. Hier kann ich ruhig träumen.
Hier bin ich Mensch – und nicht nur Zivilist.
Hier darf ich links gehn. Unter grünen Bäumen
sagt keine Tafel, was verboten ist.

Ein dicker Kullerball liegt auf dem Rasen.
Ein Vogel zupft an einem hellen Blatt.
Ein kleiner Junge gräbt sich in der Nasen
und freut sich, wenn er was gefunden hat.

Es prüfen vier Amerikanerinnen,
ob Cook auch recht hat und hier Bäume stehn.
Paris von außen und Paris von innen:
sie sehen nichts und müssen alles sehn.

Die Kinder lärmen auf den bunten Steinen.
Die Sonne scheint und glitzert auf ein Haus.
Ich sitze still und lasse mich bescheinen
und ruh von meinem Vaterlande aus.

Gotthold Ephraim Lessing

Die Faulheit

Fleiß und Arbeit lob' ich nicht.
Fleiß und Arbeit lob' ein Bauer.
Ja, der Bauer selber spricht,
Fleiß und Arbeit wird ihm sauer.
Faul zu sein, sei meine Pflicht;
Diese Pflicht ermüdet nicht.

Bruder, laß das Buch voll Staub.
Willst du länger mit ihm wachen?
Morgen bist du selber Staub!
Laß uns faul in allen Sachen,
Nur nicht faul zu Lieb' und Wein,
Nur nicht faul zur Faulheit sein.

JAN WAGNER

koalas

so viel schlaf in nur einem baum,
so viele kugeln aus fell
in all den astgabeln, eine boheme
der trägheit, die sich in den wipfeln hält und hält

und hält mit ein paar klettereisen
als krallen, nie gerühmte erstbesteiger
über den flötenden terrassen
von regenwald, zerzauste stoiker,

verlauste buddhas, zäher als das gift,
das in den blättern wächst, mit ihren watte-
ohren gegen lockungen gefeit
in einem winkelchen von welt: kein water-

loo für sie, kein gang nach canossa.
betrachte, präge sie dir ein, bevor es
zu spät ist – dieses sanfte knauser-
gesicht, die miene eines radrennfahrers

kurz vorm etappensieg, dem grund entrückt,
und doch zum greifen nah ihr abgelebtes
grau –, bevor ein jeder wieder gähnt, sich streckt,
versinkt in einem traum aus eukalyptus.

Ludwig Uhland

Das alte, gute Recht

Wo je bei altem, gutem Wein
Der Würtemberger zecht,
Da soll der erste Trinkspruch sein:
Das alte, gute Recht!

Das Recht, das unsres Fürsten Haus
Als starker Pfeiler stützt,
Und das im Lande ein und aus
Der Armuth Hütten schützt.

Das Recht, das uns Gesetze giebt,
Die keine Willkür bricht;
Das offene Gerichte liebt
Und giltig Urtheil spricht.

Das Recht, das mäßig Steuern schreibt
Und wohl zu rechnen weiß,
Das an der Kasse sitzen bleibt
Und kargt mit unsrem Schweiß.

Das unser heil'ges Kirchengut
Als Schutzpatron bewacht,
Das Wissenschaft und Geistesglut
Getreulich nährt und facht.

Das Recht, das jedem freien Mann
Die Waffen giebt zur Hand,
Damit er stets verfechten kann
Den Fürsten und das Land.

Das Recht, das Jedem offen läßt
Den Zug in alle Welt,
Das uns allein durch Liebe fest
Am Mutterboden hält.

Das Recht, deß wohlverdienten Ruhm
Jahrhunderte bewährt,
Das Jeder, wie sein Christenthum,
Von Herzen liebt und ehrt.

Das Recht, das eine schlimme Zeit
Lebendig uns begrub,
Das jetzt mit neuer Regsamkeit
Sich aus dem Grab erhub.

Ja! wenn auch wir von hinnen sind,
Besteh' es fort und fort,
Und sei für Kind und Kindeskind
Des schönsten Glückes Hort!

Und wo bei altem, gutem Wein
Der Würtemberger zecht,
Soll stets der erste Trinkspruch sein:
Das alte, gute Recht!

Richard Dehmel

Der Arbeitsmann

Wir haben ein Bett, wir haben ein Kind,
    mein Weib!
Wir haben auch Arbeit, und gar zu zweit,
und haben die Sonne und Regen und Wind.
Und uns fehlt nur eine Kleinigkeit,
um so frei zu sein, wie die Vögel sind:
    Nur Zeit.

Wenn wir Sonntags durch die Felder gehn,
    mein Kind,
und über den Ähren weit und breit
das blaue Schwalbenvolk blitzen sehn,
oh, dann fehlt uns nicht das bißchen Kleid,
um so schön zu sein, wie die Vögel sind:
    Nur Zeit.

Nur Zeit! wir wittern Gewitterwind,
    wir Volk.
Nur eine kleine Ewigkeit;
uns fehlt ja nichts, mein Weib, mein Kind,
als all das, was durch uns gedeiht,
um so kühn zu sein, wie die Vögel sind.
    Nur Zeit!

Kurt Tucholsky

Selbstbesinnung

Fort mit der sonst so aktuellen Harfe!
Heut pfeif ich mir nach eigenem Bedarfe
    auf meiner Flöte einen in Cis-Moll
    von dem, was ist; von dem, was werden soll.

Von dem, was ist ... Kaum kann uns etwas schrecken.
Mars schlägt mit Wucht auf sein verzinktes Becken –
    laß bluten, was da bluten mag –
    und er regiert die Stunde und den Tag.

Und er regiert die Stunde und das Jahr –
bedenk, wer damals noch am Leben war!
    Und leise spielt – wie waren wir doch jung! –
    der Leierkasten der Erinnerung.

Wie kannst du dich in all dem wiederfinden?
Du magst dich mühsam durch Systeme winden,
    durch Pflichten, die es geben muß und gibt –
    du siehst dahinter und wirst unbeliebt.

Laß dich von keinem Schlagwort kirren!
Von keinem Vollbart dich beirren!
    Es schenkt dir niemand was dazu –
    bleib, was du warst; bleib immer: Du!

Geheimrat Goethe sang nicht minder
vom höchsten Glück der Erdenkinder –
    er war Ministerpräsident
    und also sicher kompetent.

Man kehrt nach aller Schicksalstücke
doch immer auf sich selbst zurücke.
　　Drum wünsch ich dir nach dem Gebraus
　　dein altes, starkes, eignes Haus!

Uwe Kolbe

Der Vortrag

Die Landschaft schwingende Weite,
die Stühle standen auf einer Wiese,
die Herrschaften, die darauf saßen,
beließen die wandernde Lücke,
und als ich erwachte, fand ich Platz
mit Kopfschütteln rechts und links
wie freundlichem Nicken zum Gruß.
Sie riefen mich auf zu dem Vortrag,
vor Augen zu führen die Herde,
die Ausreißerinnen; der Kraftakt
bestand so darin, die Meridiane
als oberflächliche Linien, als nichts,
als Glasperlen abzuweisen, dagegen
sich windende Umwege weisend,
verzogenes, verzackeltes Kreisen
des Einzelnen abseits der Herde,
die inneren, innerirdischen Wege,
sinnendes Abseits, natürliche Folge
lebendigen Gehens, des Suchens
vor allem, des Anfangs, Verlierens
der eigenen Spur; davon ging genau
die Rede, und wo aus der Herde
ein Schatten austrat, war sie geglückt.

Heinrich Seidel

Das Sonett

So recht geeignet ist für spitz verzwickte
Verschnörkelte Ideen die verzwackte
Sonettenform, und für modern befrackte
Gedanken eine wunderbar geschickte.

Und wer von Weisheit nur ein Körnlein pickte
Und von Ideen nur ein Ideelein packte,
Der zwängt es gerne in die höchst vertrackte
Sonettenhaut, die viel und oft geflickte.

Die Freude dann, wenn das Glück ihm glückte
Und schwitzend er sein Nichts zusammenstückte,
Darob er manche Stunde mühsam hockte!

Doch hilft's ihm nimmer, dass er drückt' und druckte,
Weil gähnend ob dem künstlichen Produkte
Die Menschheit ruhig einschläft, die verstockte!

Robert Gernhardt

Lied der Toscana-Deutschen

Schwarze Zypressen in Bläue gefaßt
Grün der Olive vor Stein
Mauern à secco laden den Gast
wärmend als Ruhesitz ein:
Land unter einem besonderen Stern –

So kennwa die Toscana
So schätznwa die Toscana
So hamwa die Toscana gern.

Gleißender Lichtsturz in steinalte Stadt
Stolzes Getürme im Dunst
Kühlende Pieven, jedwede ein Blatt
heilger Geschichte der Kunst:
Land du gesegnet im Namen des Herrn –

So kennwa die Toscana
So schätznwa die Toscana
So hamwa die Toscana gern

Wimmelndes Heute in dauerndem Hier
Corso füllt Piazza und Park
Vor schönem Abbild von Gott, Mensch und Tier
macht sich die Wirklichkeit stark:
Land voll in Blüte aus fruchtbarem Kern –

So kennwa die Toscana
So schätznwa die Toscana
So hamwa die Toscana gern

Dampfende Schüsseln auf leuchtendem Weiß
Rot akkordierender Wein
Pinienbeschatteter fröhlicher Kreis
feiert beseligt das Sein:
Land nah dem Glück und dem Unglück so fern –

So kennwa die Toscana
So schätznwa die Toscana
So hamwa die Toscana gern.
So gern!

Friedrich Adler

Glück

Seit ich die Augen aufgeschlagen,
Hab' ich gelitten und entbehrt,
Ich sah ins Antlitz dem Entsagen
Und rang und kämpfte – ohne Schwert.

Allein wie viel mich Not getroffen,
Und ob's auch töricht mir erschien,
Es rief in mir: Noch sollst du hoffen,
Noch wird das Glück ins Herz dir ziehn.

Nicht dacht' ich, was es sollte bringen,
Ich fühlt' es schweben nur von fern,
Ein unbestimmtes Träumen, Klingen,
Ein Sehnen ohne Form und Kern.

Und all mein Streben und Verlangen
Ward sanft und still mit einemmal,
Das Herz gerüstet, zu empfangen
Des Friedens Licht, der Freude Strahl.

Und alles sah dem Glück entgegen,
Fort bannt' ich allen Wust und Dust,
Daß, wenn es kommt mit seinem Segen,
Es finde rein und frei die Brust;

Daß es zutiefst mich heilige, weihe
Und mild mir übergieße ganz
Der schweren Jahre dunkle Reihe
Mit seinem weichen Silberglanz.

Wohl hör' ich bang den Zweifel fragen,
Was mir der wirre Traum noch frommt –
Doch siegreich dringt durch alles Zagen
Der leise Ruf: Es kommt, es kommt!

»Weil es nichts Schöneres gibt«

Von Liebe und Erfüllung

Johann Wolfgang Goethe

Freudvoll und leidvoll

Freudvoll
und leidvoll,
gedankenvoll sein,
Langen
und bangen
in schwebender Pein,
Himmelhoch jauchzend,
zum Tode betrübt,
Glücklich allein
ist die Seele, die liebt.

Rose Ausländer

Das Schönste

Ich flüchte
in dein Zauberzelt
Liebe

im atmenden Wald
wo Grasspitzen
sich verneigen

weil
es nichts Schöneres gibt

Hermann Broch

Kulinarisches Liebeslied
Für L. L. 1947

Weißt du's noch? damals aßen wir
zart-jungen Mais
mit Butter; die Spitzen waren weich
und die Kolben ganz weiß.

Weißt du's noch? damals aßen wir
Shishkebab mit Reis,
und nachher verlangtest du
Himbeereis.

Weißt du's noch? damals aßen wir
indianische Götterspeis
voller Curry, und wir tranken und tranken,
und die Welt glühte heiß.

Weißt du's noch? damals aßen wir
in laut-festlichem Kreis –
war's Geburtstag? war's Hochzeit?
im Herzen war's leis.

Oh, ich weiß, ich weiß:
wen's freut den andern essen zu sehn,
des Liebe wird täglich und nächtlich aufs neue erstehn
und nimmer vergehn.

DETLEV VON LILIENCRON

Ich und die Rose warten

Vor mir
Auf der dunkelbraunen Tischdecke
Liegt eine große hellgelbe Rose.
Sie wartet mit mir
Auf die Liebste,
Der ich ins schwarze Haar
Sie flechten will.

Wir warten schon eine Stunde.
Die Haustür geht.
Sie kommt, sie kommt.
Doch herein tritt
Mein Freund, der Assessor;
Geschniegelt, gebügelt, wie stets.
Der Assessor will Bürgermeister werden.
Gräßlich sind seine Erzählungen
Über Wahlen, Vereine, Gegenpartei.
Endlich bemerkt er die Blume.
Und seine geierigen,
Perlgrauglacébehandschuhten Hände
Greifen nach ihr:
»Ah süperb!
Müssen wir geben fürs Knopfloch.«
Nein! ruf ich grob.
»Herr Jess noch mal,
Sind heut nicht bei Laune.
Denn nicht.
Empfehl mich Ihnen.
Sie kommen doch morgen in die Versammlung?«

Ich und die Rose warten.

Die Haustür geht.
Sie kommt, sie kommt.
Doch herein tritt
mein Freund, Herr von Schnellbein.
Unerträglich langweilig sind seine Erzählungen
Über Bälle und Diners.
Endlich bemerkt er die Blume.
Und seine bismarckbraunglacébehandschuhten Hände
Greifen nach ihr:
»Ah, das trifft sich,
Brauch ich nicht erst zu Bünger.
Hinein ins Knopfloch.
Du erlaubst doch?«
Nein! schrei ich wütend.
»Na, aber,
Warum denn so ausfallend;
Bist heut nicht bei Laune.
Denn nicht.
Empfehl mich dir.«

Ich und die Rose warten.

Die Haustür geht.
Sie kommt, sie kommt.
Doch herein tritt
Mein Freund, der Dichter.
Der bemerkt sofort die hellgelbe.
Und er leiert ohn Umstände drauf los:
»Die Rose wallet am Busen des Mädchens,
Wenn sie spät abends im Parke des Städtchens
Gehet allein im mondlichen Schein ...«
Halt ein, halt ein!
»Was ist dir denn, Mensch.

Aber du schenkst mir doch die Blume?
Ich will sie mir ins Knopfloch stecken.«
Und gierig greift er nach ihr.
Nein!! brüll ich wie rasend.
»Aber was ist denn?
Bist heut nicht bei Laune.
Denn nicht.
Empfehl mich dir.«

Ich und die Rose warten.

Die Haustür geht.
Sie kommt, sie kommt.
Und – da ist sie.
Hast du mich aber heute lange lauern lassen.
»Ich konnte doch nicht eher ...
»Oh, die Rose, die Rose.«
Hut ab erst.
Stillgestanden!
Nicht gemuckst.
Kopf vorwärts beugt!
Und ich nestl ihr
Die gelbe Rose ins schwarze Haar.
Ein letzter Sonnenschein
Fällt ins Zimmer
Über ihr reizend Gesicht.

JOACHIM RINGELNATZ

Offener Antrag auf der Straße

Ich habe einen Frisiersalon.
Komm mit. Dort wollen wir knutschen.
Ich wollte, ich wäre ein Malzbonbon
Und du, du würdest mich lutschen.

Wir geben dem Lehrbub den Nachmittag frei
Und schreiben »Geschlossen bis sieben«.
Ich habe Rotwein im Laden und drei
Dicke Roßhaarsäcke zum Lieben.

Ich werde dich unentgeltlich frisiern
Und dir die Nägel beschneiden.
Du brauchst dich gar nicht vor mir geniern,
Denn ich mag dicke Fraun leiden.

Ich habe auch Schwarzbrot und Butter und Quark
Und außerdem einen großen – –
Donnerwetter sind deine Muskeln stark!
Du, zeig mal: was hast du für Hosen?

Wenn du dann fortgehst, bedanke dich nicht,
Sondern halt es mit meinem Freund Franke.
Der sagt immer, wenn man vom lieben Gott spricht:
»Wem's gut geht, der sagt nicht danke.«

Friedrich Rückert

Aus der erotischen Blumenlese aus Dichtern verschiedener Zeiten und Völker

Auf der Stelle
Wo sie saß,
O wie schnelle
Wuchs das Gras!
Leise saß sie auf ihm nieder,
Darum wuchs so schnell es wieder.

O darüber
Wuchs das Gras,
Und vorüber
Ist nun das,
Und du hast es längst vergessen,
Daß du dort bei mir gesessen.

Aber eine
Blume dringt,
Schön wie keine
Rings entspringt,
Aus dem Gras, wo du gesessen,
Daß ich dich nicht kann vergessen.

Wo die feine
Blum' entspringt,
Die mir deine
Grüße bringt,
Sitz' ich oft und denk' indessen
Daß ich hier mein Glück besessen.

Friedrich Hölderlin

Die Liebe

Wenn ihr Freunde vergeßt, wenn ihr die Euern all,
    O ihr Dankbaren, sie, euere Dichter schmäht,
        Gott vergeb es, doch ehret
            Nur die Seele der Liebenden.

Denn o saget, wo lebt menschliches Leben sonst,
    Da die knechtische jetzt alles, die Sorge, zwingt?
        Darum wandelt der Gott auch
            Sorglos über dem Haupt uns längst.

Doch, wie immer das Jahr kalt und gesanglos ist
    Zur beschiedenen Zeit, aber aus weißem Feld
        Grüne Halme doch sprossen,
            Oft ein einsamer Vogel singt,

Wenn sich mählich der Wald dehnet, der Strom sich regt,
    Schon die mildere Luft leise von Mittag weht
        Zur erlesenen Stunde,
            So ein Zeichen der schönern Zeit,

Die wir glauben, erwächst einziggenügsam noch,
    Einzig edel und fromm über dem ehernen,
        Wilden Boden die Liebe,
            Gottes Tochter, von ihm allein.

Sei gesegnet, o sei, himmlische Pflanze, mir
    Mit Gesange gepflegt, wenn des ätherischen
        Nektars Kräfte dich nähren,
            Und der schöpfrische Strahl dich reift.

Wachs und werde zum Wald! eine beseeltere,
    Vollentblühende Welt! Sprache der Liebenden
  Sei die Sprache des Landes,
      Ihre Seele der Laut des Volks!

Joseph von Eichendorff

Glück

Wie jauchzt meine Seele
Und singet in sich!
Kaum, daß ich's verhehle
So glücklich bin ich.

Rings Menschen sich drehen
Und sprechen gescheut,
Ich kann nichts verstehen,
So fröhlich zerstreut. –

Zu eng wird das Zimmer,
Wie glänzet das Feld,
Die Täler voll Schimmer,
Weit herrlich die Welt!

Gepreßt bricht die Freude
Durch Riegel und Schloß,
Fort über die Heide!
Ach, hätt ich ein Roß! –

Und frag ich und sinn ich,
Wie *so* mir geschehn?: –
Mein Liebchen herzinnig,
Das soll ich heut sehn!

Nikolaus Lenau

Liebesfrühling

Ich sah den Lenz einmal
Erwacht im schönsten Tal;
Ich sah der Liebe Licht
Im schönsten Angesicht.

Und wandl ich nun allein
Im Frühling durch den Hain,
Erscheint aus jedem Strauch
Ihr Angesicht mir auch.

Und seh ich sie am Ort,
Wo längst der Frühling fort,
So sprießt ein Lenz und schallt
Um ihre süße Gestalt.

Else Lasker-Schüler

Senna Hoy

Seit du begraben liegst auf dem Hügel
Ist die Erde süß.

Wo ich hingehe nun auf Zehen,
Wandele ich über reine Wege.

O, deines Blutes Rosen
Durchtränken sanft den Tod.

Ich habe keine Furcht mehr
Vor dem Sterben.

Auf deinem Hügel blühe ich schon
Mit den Blumen der Schlingpflanzen.

Deine Lippen haben mich immer gerufen,
Nun weiß mein Name nicht mehr zurück.

Jede Schaufel Erde, die dich barg,
Verschüttete auch mich.

Darum ist immer Nacht an mir
Und Sterne schon in der Dämmerung.

Und ich bin unbegreiflich unseren Freunden
Und ganz fremd geworden.

Aber du stehst am Tor der stillsten Stadt
Und wartest auf mich, du Großengel.

Johann Wolfgang Goethe

Suleika

Hochbeglückt in deiner Liebe
Schelt' ich nicht Gelegenheit,
Ward sie auch an dir zum Diebe
Wie mich solch ein Raub erfreut!

Und wozu denn auch berauben?
Gib dich mir aus freier Wahl;
Gar zu gerne möcht' ich glauben –
Ja, ich bin's die dich bestahl.

Was so willig du gegeben
Bringt dir herrlichen Gewinn,
Meine Ruh, mein reiches Leben
Geb' ich freudig, nimm es hin.

Scherze nicht! Nichts von Verarmen!
Macht uns nicht die Liebe reich?
Halt' ich dich in meinen Armen,
Jedem Glück ist meines gleich.

DETLEV VON LILIENCRON

Glückes Genug

Wenn sanft du mir im Arme schliefst,
Ich deinen Atem hören konnte,
Im Traum du meinen Namen riefst,
Um deinen Mund ein Lächeln sonnte –
Glückes genug.

Und wenn nach heißem, ernstem Tag
Du mir verscheuchtest schwere Sorgen,
Wenn ich an deinem Herzen lag,
Und nicht mehr dachte an ein Morgen –
Glückes genug.

Franz Werfel

Das Maß der Dinge

Alles ist, wenn du liebst!
Dein Freund wird Sokrates, wenn du's ihm gibst.
Herz, Herz, wie bist du schöpferisch!
Du schwebst! Die Erde wird himmlisch.
Einst kamst du, ein Kind, zu grünem Waldweiher.
Sahst schaudernd den geheimnisvollen Algen-Schleier.
Du streichtelst der Weidenkatzen tierisch-süßen Samt –
Wie tiefsinns-selig bebte deine Knabenhand!
In deinem Aufschwung, Mensch, wird alles groß!
In deinem Abschwung alles hoffnungslos!
Und nur die Seele, die sich liebend selbst vergaß,
Ist aller Dinge Maß und Übermaß.

JOHANN WOLFGANG GOETHE

Willkommen und Abschied

Mir schlug das Herz; geschwind zu Pferde,
Und fort, wild, wie ein Held zur Schlacht!
Der Abend wiegte schon die Erde,
Und an den Bergen hing die Nacht;
Schon stund im Nebelkleid die Eiche,
Ein aufgethürmter Riese da,
Wo Finsterniß aus dem Gesträuche
Mit hundert schwarzen Augen sah.

Der Mond von seinem Wolkenhügel,
Schien kläglich aus dem Duft hervor;
Die Winde schwangen leise Flügel,
Umsausten schauerlich mein Ohr;
Die Nacht schuf tausend Ungeheuer –
Doch tausendfacher war mein Muth;
Mein Geist war ein verzehrend Feuer,
Mein ganzes Herz zerfloß in Gluth.

Ich sah dich, und die milde Freude
Floß aus dem süßen Blick auf mich.
Ganz war mein Herz an deiner Seite,
Und ieder Athemzug für dich.
Ein rosenfarbes Frühlings Wetter
Lag auf dem lieblichen Gesicht,
Und Zärtlichkeit für mich, ihr Götter!
Ich hofft' es, ich verdient' es nicht.

Der Abschied, wie bedrängt, wie trübe!
Aus deinen Blicken sprach dein Herz.
In deinen Küßen, welche Liebe,

O welche Wonne, welcher Schmerz!
Du giengst, ich stund, und sah zur Erden,
Und sah dir nach mit naßem Blick;
Und doch, welch Glück! geliebt zu werden,
Und lieben, Götter, welch ein Glück.

Hugo von Hofmannsthal

Sturmnacht

Die Sturmnacht hat uns vermählt
In Brausen und Toben und Bangen:
Was unsre Seelen sich lange verhehlt,
Da ist's uns aufgegangen.

Ich las so tief in deinem Blick
Beim Strahl vom Wetterleuchten:
Ich las darin mein flammend Glück,
In seinem Glanz, dem feuchten.

Es warf der Wind dein duftges Haar
Mir spielend um Stirn und Wangen,
Es flüsterte lockend die Wellenschar
Von heißem tiefem Verlangen.

Die Lippen waren sich so nah,
Ich hielt dich fest umschlungen;
Mein Werben und dein stammelnd Ja,
Die hat der Wind verschlungen …

Else Lasker-Schüler

Heimlich zur Nacht

Ich habe dich gewählt
Unter allen Sternen.

Und bin wach – eine lauschende Blume
Im summenden Laub.

Unsere Lippen wollen Honig bereiten
Unsere schimmernden Nächte sind aufgeblüht.

An dem seligen Glanz deines Leibes
Zündet mein Herz seine Himmel an –

Alle meine Träume hängen an deinem Golde
Ich habe dich gewählt unter allen Sternen.

Joachim Ringelnatz

Ferngruß von Bett zu Bett

Wie ich bei dir gelegen
Habe im Bett, weißt du es noch?
Weißt du noch, wie verwegen
Die Lust uns stand? Und wie es roch?

Und all die seidenen Kissen
Gehörten deinem Mann.
Doch uns schlug kein Gewissen.
Gott weiß, wie redlich untreu
Man sein kann.

Weißt du noch, wie wir's trieben,
Was nie geschildert werden darf?
Heiß, frei, besoffen, fromm und scharf.
Weißt du, daß wir uns liebten?
Und noch lieben?

Man liebt nicht oft in solcher Weise.
Wie fühlvoll hat dein spitzer Hund bewacht.
Ja unser Glück war ganz und rasch und leise.
Nun bist du fern.
Gute Nacht.

Heinrich Heine

Sie saßen und tranken am Teetisch …

Sie saßen und tranken am Teetisch,
Und sprachen von Liebe viel.
Die Herren waren ästhetisch,
Die Damen von zartem Gefühl.

Die Liebe muß sein platonisch,
Der dürre Hofrat sprach.
Die Hofrätin lächelt ironisch,
Und dennoch seufzet sie: Ach!

Der Domherr öffnet den Mund weit:
Die Liebe sei nicht zu roh,
Sie schadet sonst der Gesundheit.
Das Fräulein lispelt: Wie so?

Die Gräfin spricht wehmütig:
Die Liebe ist eine Passion!
Und präsentieret gütig
Die Tasse dem Herrn Baron.

Am Tische war noch ein Plätzchen;
Mein Liebchen, da hast du gefehlt.
Du hättest so hübsch, mein Schätzchen,
Von deiner Liebe erzählt.

Joseph von Eichendorff

Neue Liebe

Herz, mein Herz, warum so fröhlich,
So voll Unruh und zerstreut,
Als käm über Berge selig
Schon die schöne Frühlingszeit?

Weil ein liebes Mädchen wieder
Herzlich an dein Herz sich drückt,
Schaust du fröhlich auf und nieder,
Erd und Himmel dich erquickt.

Und ich hab die Fenster offen,
Neu zieh in die Welt hinein
Altes Bangen, altes Hoffen!
Frühling, Frühling soll es sein!

Still kann ich hier nicht mehr bleiben,
Durch die Brust ein Singen irrt,
Doch zu licht ist's mir zum Schreiben,
Und ich bin so froh verwirrt.

Also schlendr' ich durch die Gassen,
Menschen gehen her und hin,
Weiß nicht, was ich tu und lasse,
Nur, daß ich so glücklich bin.

Else Lasker-Schüler

'Athánatoi

Du, ich liebe Dich grenzenlos!
Über alles Lieben, über alles Hassen!
Möchte Dich wie einen Edelstein
In die Strahlen meiner Seele fassen.
Leg' Deine Träume in meinen Schoß,
Ich ließ ihn mit goldenen Mauern umschließen
Und ihn mit süßem griechischem Wein
Und mit dem Oele der Rosen begießen.

O, ich flog nach Dir wie ein Vogel aus,
In Wüstenstürmen, in Meereswinden,
In meiner Tage Sonnenrot,
In meiner Nächte Stern Dich zu finden.
Du! breite die Kraft Deines Willens aus,
Dass wir über alle Herbste schweben,
Und Immergrün schlingen wir um den Tod
Und geben ihm Leben.

Rainer Maria Rilke

Liebes-Lied

Wie soll ich meine Seele halten, daß
sie nicht an deine rührt? Wie soll ich sie
hinheben über dich zu andern Dingen?
Ach gerne möcht ich sie bei irgendwas
Verlorenem im Dunkel unterbringen
an einer fremden stillen Stelle, die
nicht weiterschwingt, wenn deine Tiefen schwingen.
Doch alles, was uns anrührt, dich und mich,
nimmt uns zusammen wie ein Bogenstrich,
der aus zwei Saiten *eine* Stimme zieht.
Auf welches Instrument sind wir gespannt?
Und welcher Geiger hat uns in der Hand?
O süßes Lied.

CHRISTIAN MORGENSTERN

Hochsommernacht

Es ist schon etwas, so zu liegen,
im Aug der Allnacht bunten Plan,
so durch den Weltraum hinzufliegen
auf seiner Erde dunklem Kahn!

Die Grillen eifern mit den Quellen,
die murmelnd durch die Matten ziehn;
und droben wandern die Gesellen
in unerhörten Harmonien.

Und neben sich ein Kind zu spüren,
das sich an deine Schulter drängt,
und ihr im Kuß das Haar zu rühren,
das über hundert Sterne hängt …

Es ist schon etwas, so zu reisen
im Angesicht der Ewigkeit,
auf seinem Wandler hinzukreisen,
so unaussprechlich eins zu zweit …

DETLEV VON LILIENCRON

Einen Sommer lang

Zwischen Roggenfeld und Hecken
Führt ein schmaler Gang,
Süßes, seliges Verstecken
Einen Sommer lang.

Wenn wir uns von ferne sehen
Zögert sie den Schritt,
Rupft ein Hälmchen sich im Gehen,
Nimmt ein Blättchen mit.

Hat mit Ähren sich das Mieder
Unschuldig geschmückt,
Sich den Hut verlegen nieder
In die Stirn gerückt.

Finster kommt sie langsam näher,
Färbt sich rot wie Mohn,
Doch ich bin ein feiner Späher,
Kenn die Schelmin schon.

Noch ein Blick in Weg und Weite,
Ruhig liegt die Welt,
Und es hat an ihre Seite
Mich der Sturm gesellt.

Zwischen Roggenfeld und Hecken
Führt ein schmaler Gang,
Süßes, seliges Verstecken
Einen Sommer lang.

Friedrich Hölderlin

Hymne an die Liebe

Froh der süßen Augenweide
Wallen wir auf grüner Flur;
Unser Priestertum ist Freude,
Unser Tempel die Natur; –
Heute soll kein Auge trübe,
Sorge nicht hienieden sein!
Jedes Wesen soll der Liebe,
Frei und froh, wie wir, sich freu'n!

Höhnt im Stolze, Schwestern, Brüder!
Höhnt der scheuen Knechte Tand!
Jubelt kühn das Lied der Lieder,
Festgeschlungen Hand in Hand!
Steigt hinauf am Rebenhügel,
Blickt hinab ins weite Tal!
Überall der Liebe Flügel,
Hold und herrlich überall!

Liebe bringt zu jungen Rosen
Morgentau von hoher Luft,
Lehrt die warmen Lüfte kosen
In der Maienblume Duft;
Um die Orione leitet
Sie die treuen Erden her,
Folgsam ihrem Winke, gleitet
Jeder Strom in's weite Meer;

An die wilden Berge reihet
Sie die sanften Täler an,
Die entbrannte Sonn erfreuet

Sie im stillen Ozean;
Siehe! mit der Erde gattet
Sich des Himmels heil'ge Lust,
Von den Wettern überschattet
Bebt entzückt der Mutter Brust.

Liebe wallt durch Ozeane,
Höhnt der dürren Wüste Sand,
Blutet an der Siegesfahne
Jauchzend für das Vaterland;
Liebe trümmert Felsen nieder,
Zaubert Paradiese hin –
Lächelnd kehrt die Unschuld wieder,
Göttlichere Lenze blüh'n.

Mächtig durch die Liebe, winden
Von der Fessel wir uns los,
Und die trunknen Geister schwinden
Zu den Sternen, frei und groß!
Unter Schwur und Kuß vergessen
Wir die träge Flut der Zeit,
Und die Seele naht vermessen
Deiner Lust, Unendlichkeit!

Michael Lentz

in liebesdingen

ist jede entscheidung falsch
es reißt dich fort es spült dich hin
wir können uns glücklich schätzen
da sind wir da bleiben wir
nicht
ewig spielt die brandung
dasselbe lied
mit den räumen die geträumt sind
mit den träumen die geräumt sind

JOHANN WOLFGANG GOETHE

Der Bräutigam

Um Mitternacht, ich schlief, im Busen wachte
Das liebevolle Herz als wär' es Tag;
Der Tag erschien, mir war als ob es nachte,
Was ist es mir, so viel er bringen mag.

Sie fehlte ja, mein emsig Tun und Streben
Für sie allein ertrug ich's durch die Gluth
Der heißen Stunde, welch erquicktes Leben
Am kühlen Abend! lohnend war's und gut.

Die Sonne sank und Hand in Hand verpflichtet
Begrüßten wir den letzten Segensblick,
Und Auge sprach, in's Auge klar gerichtet:
Von Osten, hoffe nur, sie kommt zurück.

Um Mitternacht, der Sterne Glanz geleitet
Im holden Traum zur Schwelle, wo sie ruht.
O sei auch mir dort auszuruhn bereitet,
Wie es auch sei das Leben, es ist gut.

Else Lasker-Schüler

[Pablo]

»Pablo nachts höre ich die Palmenblätter
Unter deinen Füßen rascheln.

Manchmal muß ich sehr weinen
Um dich vor Glück –

Dann wächst ein Lächeln
auf deinem lässigen Lide.

Oder es geht dir eine seltene Freude auf:
Deines Herzens schwarze Aster.

Immer wenn du an Gärten vorbei
Das Ende deines Weges erblickst, Pablo,

– Es ist mein ewiger Liebesgedanke,
Der zu dir will.

Und oft wird Schimmer vom Himmel fallen
Denn es sucht dich am Abend mein goldener Seufzer.

Bald kommt der schmachtende Monat
Über deine holde Stadt;

Unter dem Gartenbaum hängen
Wie bunte Trauben die Vögelscharen,

Und auch ich warte verzaubert
Von Traum behangen.

Du stolzer Eingeborener, Pablo,
Von deinem Angesicht atme ich fremde Liebeslaute;

In deiner Schläfe aber will ich meinen Glücksstern pflanzen,
Mich berauben meiner leuchtenden Blüte.«

Ludwig Tieck

Glosse

Liebe denkt in süssen Tönen,
Denn Gedanken stehn zu fern,
Nur in Tönen mag sie gern
Alles, was sie will, verschönen.

Wenn im tiefen Schmerz verloren
Alle Geister in mir klagen,
Und gerührt die Freunde fragen:
»Welch ein Leid ist dir geboren?«
Kann ich keine Antwort sagen,
Ob sich Freuden wollen finden,
Leiden in mein Herz gewöhnen,
Geister, die sich liebend binden
Kann kein Wort niemals verkünden,
Liebe denkt in süssen Tönen.

Warum hat Gesangessüsse
Immer sich von mir geschieden?
Zornig hat sie mich vermieden,
Wie ich auch die Holde grüße.
So geschieht es, daß ich büße,
Schweigen ist mir vorgeschrieben,
Und ich sagte doch so gern
Was dem Herzen sei sein Lieben,
Aber stumm bin ich geblieben,
Denn Gedanken stehn zu fern.

Ach, wo kann ich doch ein Zeichen,
Meiner Liebe ew'ges Leben
Mir nur selber kund zu geben,

Wie ein Lebenswort erreichen?
Wenn dann alles will entweichen
Muß ich oft in Trauer wähnen
Liebe sei dem Herzen fern,
Dann weckt sie das tiefste Sehnen,
Sprechen mag sie nur in Thränen,
Nur in Tönen mag sie gern.

Will die Liebe in mir weinen,
Bringt sie Jammer, bringt sie Wonne,
Will sie Nacht sein, oder Sonne,
Sollen Glückessterne scheinen?
Tausend Wunder sich vereinen:
Ihr Gedanken schweiget stille,
Denn die Liebe will mich krönen,
Und was sich an mir erfülle
Weiß ich das, es wird ihr Wille
Alles, was sie will, verschönen.

Achim von Arnim

[Mir ist zu licht zum Schlafen]

Mir ist zu licht zum Schlafen
Der Tag bricht in die Nacht
Die Seele ruht im Hafen
Ich bin so froh verwacht.

Ich hauchte meine Seele
Im ersten Kusse aus,
Was ist's, daß ich mich quäle,
Ob sie auch fand ein Haus.

Sie hat es wohl gefunden,
Auf ihren Lippen schön,
O welche sel'ge Stunden,
Wie ist mir so geschehn.

Was soll ich nun noch sehen,
Ach alles ist in ihr,
Was fühlen, was erflehen,
Es ward ja alles mir.

Ich habe was zu sinnen,
Ich hab', was mich beglückt,
In allen meinen Sinnen
Bin ich von ihr entzückt.

Else Lasker-Schüler

Mein Liebeslied

Wie ein heimlicher Brunnen
Murmelt mein Blut,
Immer von Dir, immer von mir.
Unter dem taumelnden Mond
Tanzen meine nackten, suchenden Träume,
Nachtwandelnde, fiebernde Kinder,
Leise über düstere Hecken.
O, Deine Lippen sind sonnig ...
Diese Rauschedüfte Deiner Lippen ...
Und aus blauen Dolden, silberumringt
Lächelst Du ... Du, Du.
Immer das schlängelnde Geriesel
    Auf meiner Haut
Über die Schulter hinweg –
    Ich lausche ...
Wie ein heimlicher Brunnen
Murmelt mein Blut ...

Rose Ausländer

Chagallisch

Thora und Talis
der Vater betet
für den
mondsüchtigen Sohn

Im Nachbardorf
auf dem Dach der Nacht
umarmet er
die Violine

Rittlings die Häuser
schlafwandelsicher
schwebt er
über die Stadt

Blumen
zartestes Glück

Wolkenbalkone
für Liebende
ausgestrahlt vom verschwiegenen
Innenlicht

Die Braut
liebt
den ewigen Bräutigam

THEODOR FONTANE

Spätes Ehestandsglück

Neben mir an, ein Mann im Staat,
Wohnt ein alter Geheimerat,
Er hat, nachdem er durch Stürme gesteuert,
Mit 60 noch eine Witwe geheuert,
Wirtin und Plättfrau war sie gewesen,
Die hat er klug sich auserlesen;
Es geht nun schon ins dritte Jahr, –
Nie zuvor er so glücklich war.

Briefe zu Neujahr will heut er schreiben.
Eisblumen blühen ihm an den Scheiben,
Draußen ein helles Sylvesterwetter,
Und er schreibt in Kursivschrift: »Lieber Vetter,
Du hast dich, gleich mir, aus Wellen und Wogen
Der ›höhren Justiz‹ zurückgezogen,
Von deinem Königsstuhle zu Rhense
Zogst du nach Treptow an der Tollense,
Hinter dir liegt die Welt des Scheins,
Und so fehlt deinem Glücke nur noch eins:
Nimm auch ein Weib (aber von den gelinden,
In Treptow wirst du dergleichen finden).
Ich bin dir in solchem Unterfangen
Mit gutem Beispiel vorangegangen.
Und glaube mir, – kann ich doch jetzt vergleichen, –
Man siegt nur noch in diesem Zeichen.
Gestatte mir, dir ein Bild zu geben
Von meinem früheren und jetzigen Leben.

Ich hielt es aufrichtig mit Schelling und Hegel,
Jetzt bin ich für Pankow, Schönhausen, Tegel,
Ich hielt es früher mit Wieland und Herder,
Jetzt bin ich für Sacrow und Pichelswerder,
Sonst macht ich vor Goethe die tiefsten Diener,
Jetzt bin ich für Putlitz, Moser, Lubliner.
O lern auch du hinter derlei Sachen
Ein großes Fragezeichen machen
Und empfange am Tage des Grogs und Pünsche
Zunächst meine herzlichsten Neujahrswünsche,
Dazu den Zuruf, der immer frommt:
›Isolan, Ihr kommt spät, jedoch Ihr kommt.‹

Uwe Kolbe

Selbander

Bestimmt füreinander sind viele,
unermüdlich beschließen es Götter,
denen die Menschen gefallen,
sehen dem einzelnen vor,
dass er nicht einzeln sei.

Doch ist der Glaube – ich nehme
das Wort aus dem Feuer
der, die daraus Waffen schmieden –
an die Bestimmung zum Glück
oft zu gering in der Welt.

Zwei traf ich, um sie der Reigen
der Freunde, die Neigung der Welt
aufgespart ihnen, vom Gartenzaun
winkte der Engel,
ehe der Abend kam.

Hilde Domin

Mein Geschlecht zittert

Mein Geschlecht zittert
wie ein Vögelchen
unter dem Griff deines Blicks.

Deine Hände eine zärtliche Brise
auf meinem Leib.
Alle meine Wachen fliehn.

Du öffnest die letzte Tür.
Ich bin so erschrocken
vor Glück
daß aller Schlaf dünn wird
wie ein zerschlissenes Tuch.

STEFAN ZWEIG

Das fremde Lächeln

Mich hält ein leises Lächeln gebannt.
Es hing
Ganz licht und lose am Lippenrand
Einer schönen Frau, die vorüberging.

Die fremde Frau war schön und schlank,
Und fühlte ich gleich, es zielte ihr Gang
In mein Leben.
Und dies Lächeln, das ich in Glut und Scham
Von ihren zartblassen Lippen nahm,
Hat mir ein Schicksal gegeben.

Wie ist dies alles so wundersam,
Das Lächeln, die Frau und mein sehnender Traum
Versponnen zu törichten Tagen.
Mein Herz verirrt sich in Frage und Gram,
Woher dieses seltsame Lächeln kam,
Und weiß ich doch kaum,
Wieso mir das heimliche Wunder geschehn,
Daß ich, erglutend in Glück und Scham,
Ein Lächeln aus fremdem Leben nahm
Und in das meine getragen.

Ich fühle nur: seit
Ich das Lächeln der leisen Lippen getrunken,
Ist die Ahnung einer Unendlichkeit
In mein Leben gesunken.
Meine Nächte leuchten nun still und lau
Wie ein Sternengezelt
In beruhigtem Blau.

Und der zarte Traumglanz, der sie erhellt,
Ist das Lächeln der Frau,
Der viellieben Frau,
Der schönen, an der ich vorüberging,
Der fremden, von der ich ein Schicksal empfing.

Paul Heyse

Ich sah mein Glück vorübergehn

Ich sah mein Glück vorübergehn,
Ich konnt' es am Stirnhaar fassen
Und blieb wie ein törichter Träumer stehn
Und hab' es vorbeigelassen.

Ich sah mein Glück auf der Wiese ruhn,
Ich konnt's auf die Lippen küssen
Und starrt' es nur an vom Hut zu den Schuh'n
Und habe mich losgerissen.

Ich harrte, ob es mit holdem Blick
Nicht selbst sich meiner erbarme.
Ich dachte: Ist es ein rechtes Glück,
So läuft dir's frei in die Arme.

Und sieh, wie am Abend ich saß zu Haus
Und an nichts Fröhliches dachte,
Da pocht's, da stand's an der Schwelle drauß
Und flog mir ans Herz und lachte.

»Mit Dir vereint, gewann ich frischen Mut«

Von Freundschaft und Familie

Christian Morgenstern

An den Andern

Ich hatte mich im Hochgebirg verstiegen.
Die Felsenwelt um mich, sie war wohl schön;
doch konnt ich keinen Ausgang mir ersiegen,
noch einen Aufgang nach den lichten Höhn.

Da traf ich Dich, in ärgster Not: den Andern!
Mit Dir vereint, gewann ich frischen Mut.
Von neuem hob ich an, mit Dir, zu wandern,
und siehe da: Das Schicksal war uns gut.

Wir fanden einen Pfad, der klar und einsam
empor sich zog, bis, wo ein Tempel stand.
Der Steig war steil, doch wagten wir's gemeinsam ...
Und heut noch helfen wir uns, Hand in Hand.

Mag sein, wir stehn an unsres Lebens Ende
noch unterm Ziel, – genug, der Weg ist klar!
Daß wir uns trafen, war die große Wende,
aus zwei Verirrten ward ein wissend Paar.

Else Lasker-Schüler

An zwei Freunde

Ich blicke nachts in Euren stillen Stern.
Es schwimmen Tränen braun um meinen Mandelkern
Und meine Schellen spielen süß am Kleiderrand.

Ich trage einen wilden Kork im Ohrlapp,
Und Monde tätowiert auf meiner Hand.
Versteinte Käfer fallen von der Schnur ab.

Ich liebe Euer glitzernd Zackenland,
Und sehne mich nach goldnem Edelpunsche,
Aufglimme unsichtbar in Eurem Wunsche.

ROSE AUSLÄNDER

Gemeinsam I

Vergesset nicht
Freunde
wir reisen gemeinsam

besteigen Berge
pflücken Himbeeren
lassen uns tragen
von den vier Winden

Vergesset nicht
es ist unsre
gemeinsame Welt
die ungeteilte
ach die geteilte

die uns aufblühen läßt
die uns vernichtet
diese zerrissene
ungeteilte Erde
auf der wir
gemeinsam reisen

Franz Grillparzer

Wert der Freundschaft

So feurig, unverfälscht und *rein*,
wie unsers Vaterlandes *Wein*,
muß Freundschaft sein; fest muß sie *halten*,
wenn auch des Schicksals Mächte *schalten;*
Sie kann uns Seligkeit *bereiten*,
selbst wenn wir mit dem Unglück *streiten*,
und nimmer reizt selbst Krösus *Gold*
den Glücklichen, dem sie ist *hold;*
er wird nicht nach dem Glücke *laufen*,
um das sonst Menschenkinder *raufen*,
und wenn die Freunde Freund ihn *grüßen*,
kann keine Unbild ihn *verdrießen*.

Friedrich Schiller

Die Bürgschaft

Zu Dionys, dem Tyrannen, schlich
Damon, den Dolch im Gewande;
Ihn schlugen die Häscher in Bande.
»Was wolltest du mit dem Dolche, sprich!«
Entgegnet ihm finster der Wüterich.
»Die Stadt vom Tyrannen befreien!«
»Das sollst du am Kreuze bereuen.«

»Ich bin«, spricht jener, »zu sterben bereit
Und bitte nicht um mein Leben,
Doch willst du Gnade mir geben,
Ich flehe dich um drei Tage Zeit,
Bis ich die Schwester dem Gatten gefreit,
Ich lasse den Freund dir als Bürgen,
Ihn magst du, entrinn ich, erwürgen.«

Da lächelt der König mit arger List
Und spricht nach kurzem Bedenken:
»Drei Tage will ich dir schenken.
Doch wisse! Wenn sie verstrichen, die Frist,
Eh du zurück mir gegeben bist,
So muß er statt deiner erblassen,
Doch dir ist die Strafe erlassen.«

Und er kommt zum Freunde: »Der König gebeut,
Daß ich am Kreuz mit dem Leben
Bezahle das frevelnde Streben,
Doch will er mir gönnen drei Tage Zeit,
Bis ich die Schwester dem Gatten gefreit,
So bleib du dem König zum Pfande,
Bis ich komme, zu lösen die Bande.«

Und schweigend umarmt ihn der treue Freund
Und liefert sich aus dem Tyrannen,
Der andere ziehet von dannen.
Und ehe das dritte Morgenrot scheint,
Hat er schnell mit dem Gatten die Schwester vereint,
Eilt heim mit sorgender Seele,
Damit er die Frist nicht verfehle.

Da gießt unendlicher Regen herab,
Von den Bergen stürzen die Quellen,
Und die Bäche, die Ströme schwellen.
Und er kommt ans Ufer mit wanderndem Stab,
Da reißet die Brücke der Strudel hinab,
Und donnernd sprengen die Wogen
Des Gewölbes krachenden Bogen.

Und trostlos irrt er an Ufers Rand,
Wie weit er auch spähet und blicket
Und die Stimme, die rufende, schicket,
Da stößet kein Nachen vom sichern Strand,
Der ihn setze an das gewünschte Land,
Kein Schiffer lenket die Fähre,
Und der wilde Strom wird zum Meere.

Da sinkt er ans Ufer und weint und fleht,
Die Hände zum Zeus erhoben:
»O hemme des Stromes Toben!
Es eilen die Stunden, im Mittag steht
Die Sonne, und wenn sie niedergeht
Und ich kann die Stadt nicht erreichen,
So muß der Freund mir erbleichen.«

Doch wachsend erneut sich des Stromes Wut,
Und Welle auf Welle zerrinnet,
Und Stunde an Stunde entrinnet.
Da treibt ihn die Angst, da faßt er sich Mut
Und wirft sich hinein in die brausende Flut
Und teilt mit gewaltigen Armen
Den Strom, und ein Gott hat Erbarmen.

Und gewinnt das Ufer und eilet fort
Und danket dem rettenden Gotte,
Da stürzet die raubende Rotte
Hervor aus des Waldes nächtlichem Ort,
Den Pfad ihm sperrend, und schnaubet Mord
Und hemmet des Wanderers Eile
Mit drohend geschwungener Keule.

»Was wollt ihr?« ruft er, für Schrecken bleich,
»Ich habe nichts als mein Leben,
Das muß ich dem Könige geben!«
Und entreißt die Keule dem nächsten gleich:
»Um des Freundes willen erbarmet euch!«
Und drei mit gewaltigen Streichen
Erlegt er, die andern entweichen.

Und die Sonne versendet glühenden Brand,
Und von der unendlichen Mühe
Ermattet sinken die Kniee.
»O hast du mich gnädig aus Räubershand,
Aus dem Strom mich gerettet ans heilige Land,
Und soll hier verschmachtend verderben,
Und der Freund mir, der liebende, sterben!«

Und horch! da sprudelt es silberhell,
Ganz nahe, wie rieselndes Rauschen,
Und stille hält er, zu lauschen,
Und sieh, aus dem Felsen, geschwätzig, schnell,
Springt murmelnd hervor ein lebendiger Quell,
Und freudig bückt er sich nieder
Und erfrischet die brennenden Glieder.

Und die Sonne blickt durch der Zweige Grün
Und malt auf den glänzenden Matten
Der Bäume gigantische Schatten;
Und zwei Wanderer sieht er die Straße ziehn,
Will eilenden Laufes vorüberfliehn,
Da hört er die Worte sie sagen:
»Jetzt wird er ans Kreuz geschlagen.«

Und die Angst beflügelt den eilenden Fuß,
Ihn jagen der Sorge Qualen,
Da schimmern in Abendrots Strahlen
Von ferne die Zinnen von Syrakus,
Und entgegen kommt ihm Philostratus,
Des Hauses redlicher Hüter,
Der erkennet entsetzt den Gebieter:

»Zurück! du rettest den Freund nicht mehr,
So rette das eigene Leben!
Den Tod erleidet er eben.
Von Stunde zu Stunde gewartet' er
Mit hoffender Seele der Wiederkehr,
Ihm konnte den mutigen Glauben
Der Hohn des Tyrannen nicht rauben.«

»Und ist es zu spät, und kann ich ihm nicht
Ein Retter willkommen erscheinen,
So soll mich der Tod ihm vereinen.
Des rühme der blutge Tyrann sich nicht,
Daß der Freund dem Freunde gebrochen die Pflicht,
Er schlachte der Opfer zweie
Und glaube an Liebe und Treue.«

Und die Sonne geht unter, da steht er am Tor
Und sieht das Kreuz schon erhöhet,
Das die Menge gaffend umstehet,
An dem Seile schon zieht man den Freund empor,
Da zertrennt er gewaltig den dichten Chor:
»Mich, Henker!« ruft er, »erwürget!
Da bin ich, für den er gebürget!«

Und Erstaunen ergreifet das Volk umher,
In den Armen liegen sich beide
Und weinen für Schmerzen und Freude.
Da sieht man kein Auge tränenleer,
Und zum Könige bringt man die Wundermär,
Der fühlt ein menschliches Rühren,
Läßt schnell vor den Thron sie führen.

Und blicket sie lange verwundert an.
Drauf spricht er: »Es ist euch gelungen,
Ihr habt das Herz mir bezwungen,
Und die Treue, sie ist doch kein leerer Wahn,
So nehmet auch mich zum Genossen an,
Ich sei, gewährt mir die Bitte,
In eurem Bunde der Dritte.«

Paul Heyse

Freunde

»Freund in der Not« will nicht viel heißen;
Hilfreich möchte sich mancher erweisen.
Aber die neidlos ein Glück dir gönnen,
Die darfst du wahrlich »Freunde« nennen.

GÜNTER GRASS

Augenblickliches Glück

Wenn ich beim Kopfstand die Familie zähle
und weiß, daß kein Haupt fehlt,
denn alle bibbern ängstlich und geniert
im Halbkreis stumm,
weil Vater zeigt, was ihm als Greis
so grade noch gelingt –
mit siebzig, fünfundsiebzig
die Kiste hoch, die Beine krumm –,
und ich aus Bodennähe seh,
wie alle Enkel
sind wohlgeraten,
die Söhne, Töchter schön
in ihren Krisen und kopfoben alle,
scheint mir die Welt im Lot zu sein,
auch staunenswert,
solang ich mich kopfunten halte;
dann aber wankt, was nur Behauptung war
und – auf des Augenblickes Dauer –
mich glücklich machte aus verkehrtem Stand.

Else Lasker-Schüler

Meinlingchen
(Meinem Jungen zu eigen.)

Meinlingchen sieh mich an –
Dann schmeicheln tausend Lächeln mein Gesicht,
Und tausend Sonnenwinde streicheln meine Seele,
Hast wie ein Wirbelträumchen
Unter ihren Fittichen gelegen.

Nie war so lenzensüss mein Blut,
Als Dich mein Odem tränkte,
Die Quellen Edens müssen so geduftet haben
Bis Dich der Muttersturm
Aus süssem Dunkel
Von meinen Herzwegen pflückte
Und Dich in meine Arme legte,
    In ein Bad von Küssen.

Rose Ausländer

Im Süden

Mit den Zugvögeln
nach Süden ziehn

Wo die Sonne
uns liebt

wo Palmen
ihre Fächer öffnen

wo die Flüsse
Silber sind

wo wir aufgenommen werden
freundschaftlich

Theodor Fontane

Welches von beiden

Rom im Siebenhügelkranz, –
Cremmen, Schwante, Vehlefanz.

Nemi-See, Genzano-Sträußchen, –
Stralau, Treptow, Eierhäuschen.

Blick aufs Forum, Ara Celi, –
Tasse Kaffee bei Stehely,

Lockt auch Fremde, Schönheit, Pracht, –
Glücklicher hat mich die Heimat gemacht.

Rainer Maria Rilke

Delphine

Jene Wirklichen, die ihrem Gleichen
überall zu wachsen und zu wohnen
gaben, fühlten an verwandten Zeichen
Gleiche in den aufgelösten Reichen,
die der Gott, mit triefenden Tritonen,
überströmt bisweilen übersteigt;
denn da hatte sich das Tier gezeigt:
anders als die stumme, stumpfgemute
Zucht der Fische, Blut von ihrem Blute
und von fern dem Menschlichen geneigt.

Eine Schar kam, die sich überschlug,
froh, als fühlte sie die Fluten glänzend:
Warme, Zugetane, deren Zug
wie mit Zuversicht die Fahrt bekränzend,
leichtgebunden um den runden Bug
wie um einer Vase Rumpf und Rundung,
selig, sorglos, sicher vor Verwundung,
aufgerichtet, hingerissen, rauschend
und im Tauchen mit den Wellen tauschend
die Trireme heiter weitertrug.

Und der Schiffer nahm den neugewährten
Freund in seine einsame Gefahr
und ersann für ihn, für den Gefährten,
dankbar eine Welt und hielt für wahr,
daß er Töne liebte, Götter, Gärten
und das tiefe, stille Sternenjahr.

Stefan Zweig

Im Balladenton

Es ist ein Glück gekommen
Ein Glück auf dunkle Nacht,
Da ist in engen Mauern
Aus sorgenschwerem Trauern
Ein Herz im Jubel erwacht.

Es ist ein Brief gekommen
Von *ihm* aus Kampf und Krieg.
Er war schon lang verschollen,
Sie hats nicht glauben wollen;
Nun meldet er fröhlichen Sieg.

Es ist ein Gruß gekommen
Vom Sohn im fernen Land,
Sie hört ihr Herz laut klopfen,
Und brennende Tränen tropfen
Auf die bebende Mutterhand.

Es ist ein Glück gekommen
Ein Glück auf dunkle Nacht,
Da ist in engen Mauern
Aus sorgenschwerem Trauern
Ein Herz im Jubel erwacht.

Rose Ausländer

Daheim

In der Fremde
Daheim

Land meiner Muttersprache
sündiges büßendes Land
ich wählte dich
als meine Wohnung
Heimatfremde

wo ich viele
fremde Freunde
liebe

»Nun blühn die Bäume seidenfein«

Von der Schönheit der Natur

ELSE LASKER-SCHÜLER

Frühling

Wir wollen wie der Mondenschein
Die stille Frühlingsnacht durchwachen,
Wir wollen wie zwei Kinder sein,
Du hüllst mich in Dein Leben ein
Und lehrst mich so, wie Du, zu lachen.

Ich sehnte mich nach Mutterlieb'
Und Vaterwort und Frühlingsspielen,
Den Fluch, der mich durch's Leben trieb,
Begann ich, da er bei mir blieb,
Wie einen treuen Freund zu lieben.

Nun blühn die Bäume seidenfein
Und Liebe duftet von den Zweigen.
Du mußt mir Mutter und Vater sein
Und Frühlingsspiel und Schätzelein!
– – – Und ganz mein Eigen …

Johann Wolfgang Goethe

Maifest

Wie herrlich leuchtet
Mir die Natur!
Wie glänzt die Sonne!
Wie lacht die Flur!

Es dringen Blüten
Aus jedem Zweig
Und tausend Stimmen
Aus dem Gesträuch

Und Freud und Wonne
Aus jeder Brust.
O Erd, o Sonne!
O Glück, o Lust!

O Lieb, o Liebe!
So golden schön,
Wie Morgenwolken
Auf jenen Höhn!

Du segnest herrlich
Das frische Feld,
Im Blütendampfe
Die volle Welt!

O Mädchen, Mädchen,
Wie lieb ich dich!
Wie blinkt dein Auge,
Wie liebst du mich!

So liebt die Lerche
Gesang und Luft,
Und Morgenblumen
Den Himmelsduft,

Wie ich dich liebe
Mit warmen Blut,
Die du mir Jugend
Und Freud' und Mut

Zu neuen Liedern
Und Tänzen gibst.
Sei ewig glücklich,
Wie du mich liebst.

Friedrich Hebbel

Herbstbild

Dies ist ein Herbsttag, wie ich keinen sah!
    Die Luft ist still, als atmete man kaum,
Und dennoch fallen raschelnd, fern und nah,
    Die schönsten Früchte ab von jedem Baum.

O stört sie nicht, die Feier der Natur!
    Dies ist die Lese, die sie selber hält,
Denn heute löst sich von den Zweigen nur,
    Was vor dem milden Strahl der Sonne fällt.

Rose Ausländer

Die Bäume

Immer sind es Bäume
die mich verzaubern

Aus ihrem Wurzelwerk schöpfe ich
die Kraft für mein Lied

Ihr Laub flüstert mir
grüne Geschichten

Jeder Baum ein Gebet
das den Himmel beschwört

Grün die Farbe der Gnade
Grün die Farbe des Glücks

Wolfgang Hilbig

Die Blumenbetrachtung

Fuhren hinaus in den Garten der Herrin
 samstags: ich fuhr mit
    über Preußens Chausseen
brechend voll von den Kohorten aus Chrom und Blech
umdröhnt von der Freiheit stinkreicher Untertanen –
immer gewärtig jener düster-roten Abendhimmel
und des scharfen trockenen Winds vor Gewittern.
Oh dann folg ich ihr mit Blicken dort im Garten:
und sie
    wie eine Königin schritt sie durch das Licht
um ihre Blumen zu besichtigen
und mit erlesner Wägung dreier Fingerspitzen
anzuheben jedes Blütenhaupt: anzuheben leicht wie Phalli –
so sacht wie dus nicht spüren kannst nicht wahrnimmst
und leichter als es dir im Denken dunkelte am Abend
so ohne Weh:
    ach wie ich träumen werde nach dem
    Abzug der Gewitter
träumen wie Tau im Licht das sich im Blick der Blüten bricht.

Franz Werfel

Wie nach dem Regen

Ich bin wie nach dem Regen
Der Stadtpark vor dem Haus.
Der Wind hat ausgekeucht,
Doch Bäum' und Beete sind noch feucht
Und wiegen mir und hegen
Die schönsten Tropfen Regentaus. –

Ich bin so ganz voll Feuchtigkeit,
Voll nassem Grün und Regenglück,
Weil ich dich heut' gesehn.
Darum möcht' ich auch nah und weit
Und wohl ein gutes Gartenstück
In mir spazieren gehn.

Friedrich Hölderlin

Der Spaziergang

Ihr Wälder schön an der Seite,
Am grünen Abhang gemalt,
Wo ich umher mich leite,
Durch süße Ruhe bezahlt
Für jeden Stachel im Herzen,
Wenn dunkel mir ist der Sinn,
Den Kunst und Sinnen hat Schmerzen
Gekostet von Anbeginn.
Ihr lieblichen Bilder im Tale,
Zum Beispiel Gärten und Baum,
Und dann der Steg der schmale,
Der Bach zu sehen kaum,
Wie schön aus heiterer Ferne
Glänzt Einem das herrliche Bild
Der Landschaft, die ich gerne
Besuch' in Witterung mild.
Die Gottheit freundlich geleitet
Uns erstlich mit Blau,
Hernach mit Wolken bereitet,
Gebildet wölbig und grau,
Mit sengenden Blitzen und Rollen
Des Donners, mit Reiz des Gefilds,
Mit Schönheit, die gequollen
Vom Quell ursprünglichen Bilds.

Ludwig Uhland

Das Tal

Oft geh ich stille
Durchs Tal dahin,
Geheime Fülle!
Verborgner Sinn!
Mit Säuseln schweift es
Die Büsch entlang,
Die Gräser streift es
Im leisen Klang.

Nur wenn mich linde
Die Träum umwehn,
Kann ohne Binde
Mein Tal ich sehn.
Gestalten schweben
Durch Busch und Flur.
O Welt! dein Leben
Erträumt sich nur.

Arno Holz

Mählich durchbrechende Sonne

Schönes,
grünes, weiches
Gras.

Drin
liege ich.

Inmitten goldgelber
Butterblumen!

Über mir ... warm ... der Himmel:

Ein
weites, schütteres,
lichtwühlig, lichtblendig, lichtwogig
zitterndes
Weiß,
das mir die
Augen
langsam ... ganz ... langsam
schließt.

Wehende ... Luft ... kaum merklich
ein Duft, ein
zartes ... Summen.

Nun
bin ich fern
von jeder Welt,
ein sanftes Rot erfüllt mich ganz,

und
deutlich ... spüre ich ... wie die
Sonne
mir durchs Blut
rinnt.

Minutenlang

Versunken
alles ... Nur noch
ich.

Selig!

Annette von Droste-Hülshoff

Im Grase

Süße Ruh', süßer Taumel im Gras,
Von des Krautes Arom' umhaucht,
Tiefe Flut, tief, tief trunkne Flut,
Wenn die Wolke am Azure verraucht,
Wenn aufs müde schwimmende Haupt
Süßes Lachen gaukelt herab,
Liebe Stimme säuselt und träuft
Wie die Lindenblüt' auf ein Grab.

Wenn im Busen die Toten dann,
Jede Leiche sich streckt und regt,
Leise, leise den Odem zieht,
Die geschloßne Wimper bewegt,
Tote Lieb', tote Lust, tote Zeit,
All die Schätze, im Schutt verwühlt,
Sich berühren mit schüchternem Klang
Gleich den Glöckchen, vom Winde umspielt.

Stunden, flücht'ger ihr als der Kuß
Eines Strahls auf den trauernden See,
Als des ziehnden Vogels Lied,
Das mir niederperlt aus der Höh',
Als des schillernden Käfers Blitz
Wenn den Sonnenpfad er durcheilt,
Als der flücht'ge Druck einer Hand,
Die zum letzten Male verweilt.

Dennoch, Himmel, immer mir nur
Dieses eine nur: für das Lied
Jedes freien Vogels im Blau

Eine Seele, die mit ihm zieht,
Nur für jeden kärglichen Strahl
Meinen farbig schillernden Saum,
Jeder warmen Hand meinen Druck
Und für jedes Glück einen Traum.

Mein Fluß

O Fluß, mein Fluß im Morgenstrahl!
Empfange nun, empfange
Den sehnsuchtsvollen Leib einmal
Und küsse Brust und Wange!
– Er fühlt mir schon herauf die Brust,
Er kühlt mit Liebesschauerlust
Und jauchzendem Gesange.

Es schlüpft der goldne Sonnenschein
In Tropfen an mir nieder,
Die Woge wieget aus und ein
Die hingegebnen Glieder;
Die Arme hab ich ausgespannt,
Sie kommt auf mich herzugerannt,
Sie faßt und läßt mich wieder.

Du murmelst so, mein Fluß, warum?
Du trägst seit alten Tagen
Ein seltsam Märchen mit dir um
Und mühst dich, es zu sagen;
Du eilst so sehr und läufst so sehr,
Als müßtest du im Land umher,
Man weiß nicht wen, drum fragen.

Der Himmel, blau und kinderrein,
Worin die Wellen singen,
Der Himmel ist die Seele dein:
O laß mich ihn durchdringen!
Ich tauche mich mit Geist und Sinn
Durch die vertiefte Bläue hin
Und kann sie nicht erschwingen!

Was ist so tief, so tief wie sie?
Die Liebe nur alleine.
Sie wird nicht satt und sättigt nie
Mit ihrem Wechselscheine.
– Schwill an, mein Fluß, und hebe dich!
Mit Grausen übergieße mich!
Mein Leben um das deine!

Du weisest schmeichelnd mich zurück
Zu deiner Blumenschwelle.
So trage denn allein dein Glück
Und wieg auf deiner Welle
Der Sonne Pracht, des Mondes Ruh.
Nach tausend Irren kehrest du
Zur ewgen Mutterquelle!

JOSEPH VON EICHENDORFF

Die Nacht

 Wie schön, hier zu verträumen
Die Nacht im stillen Wald,
Wenn in den dunklen Bäumen
Das alte Mährchen hallt.

 Die Berg' im Mondesschimmer
Wie in Gedanken stehn,
Und durch verworrne Trümmer
Die Quellen klagend gehn.

 Denn müd' ging auf den Matten
Die Schönheit nun zur Ruh,
Es deckt mit kühlen Schatten
Die Nacht das Liebchen zu.

 Das ist das irre Klagen
In stiller Waldespracht,
Die Nachtigallen schlagen
Von ihr die ganze Nacht.

 Die Stern gehn auf und nieder –
Wann kommst du, Morgenwind,
Und hebst die Schatten wieder
Von dem verträumten Kind?

 Schon rührt sich's in den Bäumen,
Die Lerche weckt sie bald –
So will ich treu verträumen
Die Nacht im stillen Wald.

Hans Adler

Sonett

Wie glücklich sind die Tiere auf der Weide!
Ein Stier sieht eine junge blonde Kuh,
Sie schwenkt kokett den Schweif, er springt hinzu
Und selig durch die Liebe werden beide,

Denn kein Bedenken stört ihr Rendezvous.
Der Mensch jedoch in seinem Liebesleide
Durchforscht betroffen Hirn und Eingeweide
Nach dem Rezept zu dem Gefühlsragout.

Er zwängt sich mühsam durch ein dichtes Netz
Beachtenswerter Gegenargumente,
Philosophiert bis an den Rand des Betts

Und denkt im physiologischen Momente
Noch an den Arzt und an das Strafgesetz
Und an die etwaigen Alimente.

Franz Werfel

Ich staune

Ich staune, daß die rote Farbe rot ist,
Ich staune, daß die gelbe gelb erglimmt.
Ich staune, daß, was ringsum lebt, nicht tot ist,
Und daß, was tot ist, nicht ins Leben stimmt.

Ich staune, daß der Tag alltäglich nachtet,
Wenn ihm das Licht verwest zur Dämmerung.
Ich staune, daß frühmorgens überfrachtet
Von Sonnenglück, ein neuer kommt in Schwung.

Ich staune, daß durch alle Lebenssprossen
Das Mann- und Weibliche geschieden bleibt,
Und diese Zwieheit, niemals ausgenossen,
Als Wonne unsre Herzensfluten treibt.

Mein Staunen ist kein Forschen nach dem Sinne.
Mein Staunen ist des Sinnes selbst der Sinn.
Nur durch Erstaunung werd ich meiner inne.
Ich staune, daß ich staune, daß ich bin.

Wilhelm Müller

Der Lindenbaum

Am Brunnen vor dem Thore
Da steht ein Lindenbaum:
Ich träumt in seinem Schatten
So manchen süßen Traum:

    Ich schnitt in seine Rinde
So manches liebe Wort;
Es zog in Freud' und Leide
Zu ihm mich immer fort.

    Ich mußt' auch heute wandern
Vorbei in tiefer Nacht,
Da hab' ich noch im Dunkel
Die Augen zugemacht:

    Und seine Zweige rauschten,
Als riefen sie mir zu:
Komm her zu mir, Geselle,
Hier findst du deine Ruh'!

    Die kalten Winde bliesen
Mir grad' in's Angesicht,
Der Hut flog mir vom Kopfe,
Ich wendete mich nicht.

    Nun bin ich manche Stunde
Entfernt von jenem Ort,
Und immer hör' ich's rauschen:
Du fändest Ruhe dort!

Georg Trakl

Verklärter Herbst

Gewaltig endet so das Jahr
Mit goldnem Wein und Frucht der Gärten.
Rund schweigen Wälder wunderbar
Und sind des Einsamen Gefährten.

Da sagt der Landmann: Es ist gut.
Ihr Abendglocken lang und leise
Gebt noch zum Ende frohen Mut.
Ein Vogelzug grüßt auf der Reise.

Es ist der Liebe milde Zeit.
Im Kahn den blauen Fluß hinunter
Wie schön sich Bild an Bildchen reiht –
Das geht in Ruh und Schweigen unter.

JOSEF WEINHEBER

Im Grase

Glocken und Zyanen,
Thymian und Mohn.
Ach, ein fernes Ahnen
hat das Herz davon.

Und im sanften Nachen
trägt es so dahin.
Zwischen Traum und Wachen
frag ich, wo ich bin.

Seh die Schiffe ziehen,
fühl den Wellenschlag,
weiße Wolken fliehen
durch den späten Tag –

Glocken und Zyanen,
Mohn und Thymian.
Himmlisch wehn die Fahnen
über grünem Plan:

Löwenzahn und Raden,
Klee und Rosmarin.
Lenk es, Gott, in Gnaden
nach der Heimat hin.

Das ist deine Stille.
Ja, ich hör dich schon.
Salbei und Kamille,
Thymian und Mohn,

und schon halb im Schlafen
– Mohn und Thymian –
landet sacht im Hafen
nun der Nachen an.

WULF KIRSTEN

blaues geflügel

odonatologen, vokalreiches wort,
leider nicht von mir erfunden,
vom Duden schlichtweg verschmäht
wie so viele andre auch, nicht
zu verwechseln mit odontologen,
ihres zeichens der zahnheilkunde
beflißne, nein, odonatologen
im sprachgewand der feinen unterschiede
sind wie jeder dödel sehr wohl weiß,
wie andrerseits und meinerseits
auch ich zu wissen vorgebe,
libellenfreunde, kundig ausschau
haltend nach hauchzartem
blauem geflügel, schwirrend-flirrend
über tümpeln und teichen, wo immer
noch vorhanden, in der stillen hoffnung,
wenigstens einmal im leben einer neuen
spezies gewahr zu werden als entdecker,
aber ebenso darauf bedacht, vom aussterben
bedrohte spielarten zu retten, ihre
körperlosen körper äußerst behutsam
mit sendern auszustatten wie jedwedes
lebewesen in freier wildbahn, enthoben
der bedrohung lebensgefährlicher
schlagseite, lassen wir sie, von ihrer
schönheit beglückt flugtüchtige
schillebolde sein und noch ein bißchen
am leben bleiben samt angestammtem habitat,
tümpeln und teichen, sumpfblütengeschmückt,
warum sollten sie nicht lebendig

bleiben wie etwa auch wir, wer sonst
könnte bewundern das blaue geflügel?

Stefan Zweig

Herbst

Traumstill die Welt. Nur ab und zu ein heisrer Schrei
Von Raben, die verflatternd um die Stoppeln streichen.
Der düstre Himmel drückt wie mattes schweres Blei
Ins Land hinab. Und sacht mit seinen sammetweichen
Schleichschritten geht der Herbst durch Grau und Einerlei.

Und in sein schweres Schweigen geh auch ich hinein,
Der unbefriedigt von des Sommers Glanz geschieden.
Die linde Stille schläfert meine Wünsche ein.
Mir wird der Herbst so nah. Ich fühle seinen Frieden:
Mein Herz wird reich und groß in weitem Einsamsein.

Denn Schwermut, die die dunklen Dörfer überweht,
Hat meiner Seele viel von ihrem Glück gegeben.
Nun tönt sie leiser, eine Glocke zum Gebet,
Und glockenrein und abendmild scheint mir mein Leben,
Seit es des Herbstes ernstes Bruderwort versteht.

Nun will ich ruhen wie das müde dunkle Land ...
Beglückter geht mein Träumerschritt in leise Stunden,
Und sanfter fühle ich der Sehnsucht heiße Hand.
Mir ist, als hätt ich einen treuen Freund gefunden,
Der mir oft nahe war und den ich nie gekannt ...

Friedrich von Hagedorn

Der Frühling

Der malerische Lenz kann nichts so sinnreich bilden,
Als jene Gegenden von Hainen und Gefilden;
Der Anmut Überfluß erquickt dort Aug und Brust:
    O Licht der weiten Felder!
    O Nacht der stillen Wälder!
    O Vaterland der ersten Lust!

Dort läßt sich wiederum, in grünenden Tropheen,
Des Winters Untergang, der Flor des Frühlings sehen;
Sein schmeichelnder Triumph beglücket iede Flur:
    Die frohen Lerchen fliegen
    Und singen von den Siegen
    Der täglich schöneren Natur.

Der Bach, den Eis verschloß und Sonn und West entsiegeln,
In dem sich Luft und Baum und Hirt und Herde spiegeln,
Befruchtet und erfrischt das aufgelebte Land.
    Dort läßt sich alles sehen,
    Was Flaccus in den Höhen
    Des quellenreichen Tiburs fand.

Fast ieder Vogel singt; es schweigen Nord und Klage!
Wie schön verbinden sich, zum Muster guter Tage,
Die Hoffnung künftger Lust, der itzigen Genuß!
    Ihr stolzen, güldnen Zeiten!
    Sagt, ob, an Fröhlichkeiten,
    Auch diese Zeit euch weichen muß.

An Reizung kann mir nichts den holden Stunden gleichen,
Da bei dem reinen Quell und in belaubten Sträuchen
Die alte Freundschaft scherzt, die junge Liebe lacht.
    Am Morgen keimt die Wonne
    Und steiget mit der Sonne
    Und blüht auch in der kühlen Nacht.

Es spielen Luft und Laub; es spielen Wind und Bäche;
Dort duften Blum und Gras; hier grünen Berg und Fläche:
Das muntre Landvolk tanzt; der Schäfer singt und ruht:
    Die sichern Schafe weiden,
    Und allgemeine Freuden
    Erweitern gleichfalls mir den Mut.

Es soll den Wald ein Lied von Phyllis Ruhm erfreuen;
Den Frühling will ich ihr und sie dem Frühling weihen.
Sie sind einander gleich, an Blüt und Lieblichkeit.
Ihr frohnen meine Triebe,
Ihr schwör ich meine Liebe,
Fürs erste bis zur Sommers-Zeit.

Detlev von Liliencron

Märztag

Wolkenschatten fliehen über Felder,
Blau umdunstet stehen ferne Wälder.

Kraniche, die hoch die Luft durchpflügen,
Kommen schreiend an in Wanderzügen.

Lerchen steigen schon in lauten Schwärmen,
Überall ein erstes Frühlingslärmen.

Lustig flattern, Mädchen, deine Bänder,
Kurzes Glück träumt durch die weiten Länder.

Kurzes Glück schwamm mit den Wolkenmassen,
Wollt' es halten, mußt' es schwimmen lassen.

Gottfried Benn

März. Brief nach Meran

Blüht nicht zu früh, ach blüht erst, wenn ich komme,
dann sprüht erst euer Meer und euren Schaum,
Mandeln, Forsythien, unzerspaltene Sonne –
dem Tal den Schimmer und dem Ich den Traum.

Ich, kaum verzweigt, im Tiefen unverbunden,
Ich, ohne Wesen, doch auch ohne Schein,
meistens im Überfall von Trauerstunden,
es hat schon seinen Namen überwunden,
nur manchmal fällt er ihm noch flüchtig ein.

So hin und her – ach blüht erst, wenn ich komme,
ich suche so und finde keinen Rat,
daß einmal noch das Reich, das Glück, das fromme,
der abgeschlossenen Erfüllung naht.

Joseph von Eichendorff

Mondnacht

Es war, als hätt' der Himmel
Die Erde still geküßt,
Daß sie im Blütenschimmer
Von ihm nun träumen müßt.

Die Luft ging durch die Felder,
Die Ähren wogten sacht,
Es rauschten leis die Wälder,
So sternklar war die Nacht.

Und meine Seele spannte
Weit ihre Flügel aus,
Flog durch die stillen Lande,
Als flöge sie nach Haus.

Robert Gernhardt

Vorfreude auf den Morgengang

Der Blick ins Blau. Den Weg bergab,
Durch Sonnenrauch zu Tal und Wiese.
Dann übern Bach, den Bach entlang,
Und schon empfängt uns bergend diese

Tiefgrüne Dunst- und Kühleschleuse,
Aus der wir neu erfrischt hervorgehn,
Den Weg bergauf, bis wir das Blau
Durch goldner Blätter lichten Flor sehn.

Annette von Droste-Hülshoff

Sommer

Du gute Linde, schüttle dich!
Ein wenig Luft, ein schwacher West!
Wo nicht, dann schließe dein Gezweig
So recht, daß Blatt an Blatt sich preßt.

Kein Vogel zirpt, es bellt kein Hund;
Allein die bunte Fliegenbrut
Summt auf und nieder über'n Rain
Und läßt sich rösten in der Glut.

Sogar der Bäume dunkles Laub
Erscheint verdickt und atmet Staub.
Ich liege hier wie ausgedorrt
Und scheuche kaum die Mücken fort.

O Säntis, Säntis! läg' ich doch
Dort, – grad' an deinem Felsenjoch,
Wo sich die kalten, weißen Decken
So frisch und saftig drüben strecken,
Viel tausend blanker Tropfen Spiel;
Glücksel'ger Säntis, dir ist kühl!

Haiku

Mich meinem Dorf nähernd

Die Menschen hier kenne ich nicht,
aber schon die Vogelscheuchen
wirken verschlagen

Januar –
woanders blühen jetzt
Pflaumen

Auch für euch, ihr Flöhe,
sind die Nächte lang –
so lang wie einsam

Diese Motte sah
den Schein der Frauenkammer –
zu einem Knistern verbrannt

Sogar bei Insekten –
manche können singen,
manche nicht

Blüten in der Nacht
und die Gesichter der Menschen –
von Musik bewegt

Wären die Zeiten nur besser,
ihr Fliegen,
ich läde von euch noch eine zu mir

Die öden Felder –
»Es war einmal eine Hexe,
die lebte mitten im Wald ...«

Der Riesenfrosch und ich –
wir starren reglos, wir
starren und starren

Die ganze Zeit über im Gebet,
o Buddha, klatsch ich
Moskitos tot

Nach dem Schlaf, die Katze erhebt sich
gähnt, geht
um sich durch die Hecken zu lieben

Es geschah einmal:
Durch allerernste Verhandlung
entging die Strafe dem Kind

Der Mond und die Blumen –
neunundvierzig schon
und immer noch herumstromern
und die Zeit vertun

Im Herbstwind
am Stadtrand
der Verschlag der Prostituierten

Vollmond,
doch meine Bretterbude
bleibt, was sie ist

Winzig
ist selbst ein Flohbiss
schön

Ein Mensch
eine Fliege
in einem großen Zimmer

Über den Fächer befläzt,
fett schläft
die Katze

Was für ein Glück –
auch im neuen Jahr
stechen die Moskitos

Die Kröte! Es scheint
sie könnte eine Wolke
rülpsen

Roter Morgenhimmel –
Schnecke,
bist du darüber froh?

Der Bergkuckuck –
so eine schöne Stimme
und so stolz!

Abendmond –
sie besuchen Gräber
und suchen Kühlung

Ich fege –
Bettwanzen stieben auseinander,
Mama, Papa, Kind

Den halben Tag gedöst –
und keiner
kam mit dem Stock!

Unter dem Sommermond –
sie wäscht Kleider,
die Kleine hat sie schlafen gelegt

Noch kein Buddha,
träumt
die uralte Kiefer

Im Frühlingsregen –
das hübsche Mädchen
gähnt

Dieser wunderschöne Drachen –
steigt auf
von einer Bretterbude

Im Moor –
Eiszapfen wachsen
an Buddhas Nasenspitze

Jener Zaunkönig –
er schaut hier, er schaut da.
Hast du was verloren?

Im Bauch der Vogelscheuche
zirpt es –
eine Grille

Haiku

Über mein Portrait

Selbst im günstigsten Licht –
genau betrachtet
wirkt er kalt

Töpfe spülend
im seichten Fluss leuchtet
auf ihrer Hand der Mond

Des Frühlings Mondgesicht –
vielleicht zwölf Jahre,
würd ich raten

Hat nicht gerade Angst
vorm Blühen,
mein Pflaumenbaum

Im Dorf »Kleine Pflaume« –
ein Buschsänger trällert
auf dem Stiel einer Hacke

Ihr Flöhe in meiner Hütte –
es ist meine Schuld,
wenn ihr so mager seid

Die Libelle,
ganz in Rot,
unterwegs zum Fest

Shinano –
sobald der Schnee schmilzt,
kommen die Schnaken

Eifrige Fliege,
bald wirst du Buddha –
durch meine Hand

Enten wogen im Wasser auf und ab –
hoffen sie auch
auf Glück heut Nacht?

Robert Gernhardt

Herbstlicher Baum in der Neuhaußstraße

Wie sehr bemerkenswert ist doch
ein dunkler Baum, durch den ein Wind geht,
wenn dieser Wind schön mild ist und
der große Baum scharf gegens Licht steht,
doch so, daß er am andern Rand
sich ganz und gar vereint dem Glänzen.
So also, links vom Licht begrenzt
und rechts so lichterfüllt, daß Grenzen
im Leuchten einfach weg sind und
ein Seufzer kommt aus meinem Mund.

»Und es kommt ein andrer Tag«

Von Hoffnung und Träumen

Erich Mühsam

Ich weiß, das Glück, das meiner harrt

Ich weiß, das Glück, das meiner harrt,
Wird nur von kurzer Dauer sein.
Und doch ist alle Gegenwart
Gedrängt in dieses Glückes Schrein.
Und doch ist die Vergangenheit,
So trüb sie war und kummervoll,
Von meinem kurzen Glück geweiht,
Das morgen sich erfüllen soll.
Und was die Zukunft bergen mag
An Not und Bitternis und Pflicht –
Der meiner harrt, der Sonnentag
Streut auf mein ganzes Leben Licht.

Theodor Fontane

Trost

Tröste dich, die Stunden eilen,
Und was all dich drücken mag,
Auch das Schlimmste kann nicht weilen,
Und es kommt ein andrer Tag.

In dem ew'gen Kommen, Schwinden,
Wie der Schmerz liegt auch das Glück,
Und auch heitre Bilder finden
Ihren Weg zu dir zurück.

Harre, hoffe. Nicht vergebens
Zählest du der Stunden Schlag,
Wechsel ist das Los des Lebens
Und – es kommt ein andrer Tag.

Rainer Maria Rilke

Der Schwan

Diese Mühsal, durch noch Ungetanes
schwer und wie gebunden hinzugehn,
gleicht dem ungeschaffnen Gang des Schwanes.

Und das Sterben, dieses Nichtmehrfassen
jenes Grunds, auf dem wir täglich stehn,
seinem ängstlichen Sich-Niederlassen –:

in die Wasser, die ihn sanft empfangen
und die sich, wie glücklich und vergangen,
unter ihm zurückziehn, Flut um Flut;
während er unendlich still und sicher
immer mündiger und königlicher
und gelassener zu ziehn geruht.

episode

im düstern kesselhaus im licht
rußiger lampen plötzlich auf dem brikettberg
saß ein grüner fasan
     ein prächtiger clown
silbern und grün den leuchtend roten reif am hals mit
unverwandtem aug mit dem großen gelben schnabel
aufmerksam
zielte er auf mich
     so war er herrlicher und schöner
als ein surrealistischer regenschirm auf einer nähmaschine
wie er dort saß genau und furchtlos verirrt
auf seinem schwarzen gipfel

konversation fand nicht statt
ich bewegte mich und er flog davon durch die offene tür
doch von weit her den geruch der sonne den duft
seines farbigen gelächters ließ er hier in der nacht
und ich verwarf alle mühe das leben mythisch zu sehen

und als das kausale grinsen meines kopfes
von energie und frost gefressen in die nacht verschwand
glaubte ich nicht mehr an den untergang
der wahrnehmungen in der finsternis.

ILSE AICHINGER

Das Geburtshaus
für Monika Schoeller

Vielleicht
aus der Sicht der Weingärten,
wo die Großmut wächst.
Die Auffindung der Salesianergassen,
die aus den Hecken springen,
immer neue Funde,
unaufgebbar die Erwartung
des Unvermuteten,
das Absehen des Unabsehbaren,
Hingabe, Verhülltheit, Tat.

Rainer Maria Rilke

Persisches Heliotrop

Es könnte sein, daß dir der Rose Lob
zu laut erscheint für deine Freundin: Nimm
das schön gestickte Kraut und überstimm
mit dringend flüsterndem Heliotrop

den Bülbül, der an ihren Lieblingsplätzen
sie schreiend preist und sie nicht kennt.
Denn sieh: wie süße Worte nachts in Sätzen
beisammenstehn ganz dicht, durch nichts getrennt,
aus der Vokale wachem Violett
hindüftend durch das stille Himmelbett –:

so schließen sich vor dem gesteppten Laube
deutliche Sterne zu der seidnen Traube
und mischen, daß sie fast davon verschwimmt,
die Stille mit Vanille und mit Zimmt.

REINER KUNZE

Verstreutes Kalenderblatt
Mittsommer

Heute ist des jahres längster tag
Das licht kam ohne glockenschlag
und hob dem schläfer sanft das lid

Möge ihn beglücken, was er sieht,
damit der tag in seiner seele wurzeln schlägt
und er ihn für die dunklen zeiten in sich trägt

Joseph von Eichendorff

Schöne Fremde

Es rauschen die Wipfel und schauern,
Als machten zu dieser Stund'
Um die halbversunkenen Mauern
Die alten Götter die Rund'.

Hier hinter den Myrthenbäumen
In heimlich dämmernder Pracht,
Was sprichst du wirr wie in Träumen
Zu mir, phantastische Nacht?

Es funkeln auf mich alle Sterne
Mit glühendem Liebesblick,
Es redet trunken die Ferne
Wie von künftigem, großem Glück! –

FRIEDRICH HÖLDERLIN

An die Parzen

Nur *Einen* Sommer gönnt, ihr Gewaltigen!
    Und einen Herbst zu reifem Gesange mir,
        Daß williger mein Herz, vom süßen
            Spiele gesättiget, dann mir sterbe.

Die Seele, der im Leben ihr göttlich Recht
    Nicht ward, sie ruht auch drunten im Orkus nicht;
        Doch ist mir einst das Heil'ge, das am
            Herzen mir liegt, das Gedicht gelungen,

Willkommen dann, o Stille der Schattenwelt!
    Zufrieden bin ich, wenn auch mein Saitenspiel
        Mich nicht hinab geleitet; *Einmal*
            Lebt ich, wie Götter, und mehr bedarfs nicht.

Johann Peter Uz

Ein Traum

O Traum, der mich entzücket!
Was hab ich nicht erblicket!
Ich warf die müden Glieder
In einem Thale nieder,
Wo einen Teich, der silbern floß,
Ein schattigtes Gebüsch umschloß.

Da sah ich durch die Sträuche
Mein Mädchen bey dem Teiche.
Das hatte sich, zum Baden,
Der Kleider meist entladen,
Bis auf ein untreu weiß Gewand,
Das keinem Lüftchen widerstand.

Der freye Busen lachte,
Den Jugend reizend machte.
Mein Blick blieb sehnend stehen
Bei diesen regen Höhen,
Wo Zephyr unter Lilien blies
Und sich die Wollust greifen ließ.

Sie fing nun an, o Freuden!
Sich vollends auszukleiden;
Doch, ach! indems geschiehet,
Erwach ich und sie fliehet.
O schlief ich doch von neuem ein!
Nun wird sie wohl im Wasser seyn.

Stefan Zweig

Nun weiß ich ...

Mich hat ein süßer Traum bewegt,
    Durch Wochen, Nacht für Nacht.
Ich hatte seines Glücks nicht acht;
Doch wie mir heut der Morgen sacht
Den Schlummer von den Lidern trägt,
    Hab' ich an Dich gedacht.

Nun weiß ich, wer das frohe Licht
    In meine Nächte spinnt.
Denn ihr verklärtes Traumgedicht
Ist nur Dein liebes Angesicht.
Das heiligt sie so tief und schlicht,
    Daß sie voll Sonne sind ...

Annette von Droste-Hülsdorf

Am Thurme

Ich steh' auf hohem Balkone am Thurm,
Umstrichen vom schreienden Staare,
Und laß' gleich einer Mänade den Sturm
Mir wühlen im flatternden Haare;
O wilder Geselle, o toller Fant,
Ich möchte dich kräftig umschlingen,
Und, Sehne an Sehne, zwei Schritte vom Rand
Auf Tod und Leben dann ringen!

Und drunten seh' ich am Strand, so frisch
Wie spielende Doggen, die Wellen
Sich tummeln rings mit Geklaff und Gezisch,
Und glänzende Flocken schnellen.
O, springen möcht' ich hinein alsbald,
Recht in die tobende Meute,
Und jagen durch den korallenen Wald
Das Wallroß, die lustige Beute!

Und drüben seh' ich ein Wimpel wehn
So keck wie eine Standarte,
Seh auf und nieder den Kiel sich drehn
Von meiner luftigen Warte;
O, sitzen möcht' ich im kämpfenden Schiff,
Das Steuerruder ergreifen,
Und zischend über das brandende Riff
Wie eine Seemöve streifen.

Wär ich ein Jäger auf freier Flur,
Ein Stück nur von einem Soldaten,
Wär ich ein Mann doch mindestens nur,

So würde der Himmel mir rathen;
Nun muß ich sitzen so fein und klar,
Gleich einem artigen Kinde,
Und darf nur heimlich lösen mein Haar,
Und lassen es flattern im Winde!

Frank Wedekind

Das Lied vom armen Kind oder Wer zuletzt lacht, lacht am besten

Es war einmal ein armes Kind,
Das war auf beiden Augen blind,
Auf beiden Augen blind;
Da kam ein alter Mann daher,
Der hört auf keinem Ohre mehr,
Auf keinem Ohre mehr.
Sie zogen miteinander dann,
Das blinde Kind, der taube Mann,
Der arme, alte, taube Mann.

So zogen sie vor eine Tür,
Da kroch ein lahmes Weib herfür,
Ein lahmes Weib herfür.
Bei einem Automobilunglück
Ließ sie ihr linkes Bein zurück,
Das ganze Bein zurück.
Nun zogen weiter alle drei,
Das Kind, der Mann, das Weib dabei,
Das arme, lahme Weib dabei.

Ein Mägdlein zählte vierzig Jahr,
Derweil sie stets noch Jungfrau war,
Noch keusche Jungfrau war.
Um sie dafür zu strafen hart,
Schuf Gott ihr einen Knebelbart,
Ihr einen Knebelbart.
Sie flehte: Laßt mich mit euch gehn,
Ihr Lieben, laßt mich mit euch gehn,
So wird noch Heil an mir geschehn!

Am Wege lag ein räudiger Hund,
Der hatte keinen Zahn im Mund,
Nicht einen Zahn im Mund;
Fand er mal einen Knochen auch,
Er bracht' ihn nicht in seinen Bauch,
Ihn nicht in seinen Bauch.
Nun trabte hinter den anderen vier,
Wiewohl es am Verenden schier,
Das alte, räudige Hundetier.

Ein Dichter lebt' in tiefster Not,
Er starb den ewigen Hungertod,
Den ewigen Hungertod.
Mit Herzblut schrieb er sein Gedicht,
Man druckt es nicht, man liest es nicht,
Und niemand kennt es nicht.
Sein Leib war krank, sein Geist war wund,
Drum schloß er mit dem räudigen Hund
Der Freundschaft heiligen Seelenbund.

Und dann schrieb er zu Aller Glück
Ein wundervolles Theaterstück,
Ein wundervolles Stück,
In welchem die Personen sind
Der taube Mann, das blinde Kind,
Das arme, blinde Kind,
Das lahme Weib, die Jungfrau zart
Mit ihrem langen Knebelbart,
Die Jungfrau mit dem Knebelbart.

Und eh' die nächste Stund' entflohn,
Konnt' Jeder seine Rolle schon,
Die ganze Rolle schon.
Verständnisvoll führt die Regie
Das alte, räudige Hundevieh,

Das räudige Hundevieh.
Drauf ward das Schauspiel zensuriert
Und einstudiert und aufgeführt
Und ward ganz prachtvoll kritisiert.

Die Künstler fanden viel Applaus,
Man spannt dem Hund die Pferde aus
Und zieht ihn selbst nach Haus.
Da gab's nun auch Tantièmen viel
Und hohe Gagen für das Spiel,
Das ungemein gefiel. –
Nachdem sie ganz Europa sah,
Da reisten sie nach Amerika,
Nach Nord- und Südamerika.

Nun hört zum Schluß noch die Moral:
Gebrechen sind oft sehr fatal,
Sind manchmal eine Qual;
Frau Poesie schafft ohne Graus
Beneidenswertes Glück daraus,
Sie schafft das Glück daraus.
Dann schwillt der Mut, dann schwillt der Bauch,
Und sei's bei einer Jungfrau auch. –
So ist's der Menschheit guter Brauch.

Ludwig Bechstein

Noch ein Nachtigallenlied

Horch wie wonneflötend in des Fliederbaumes
Mondbeglänzten Zweigen singt die Nachtigall!
Rings das heil'ge Schweigen eines Lenzentraumes
Der Natur – und einzig dieser süße Hall.

Einzig dieser Töne reiche Zauberfülle,
Die das Herz uns fesselt, die kein Wort umfaßt.
Seufzerlaut und Jubel durch die Abendstille,
Liedeswell' auf Welle – Ausstrom sonder Rast.

»Tiuu – tiuu – tiuui – weilst du meine Traute –
Tio – tio – tio – tio ti – küssest Rosen noch
Fern am Phrat? tio – tio – lausche meinem Laute,
Tzü – tzü – tzü – tzü – tzü züo zi: Buhle, komme doch!«

Sängerherz voll Sehnsucht steht in Glückesblüthe;
Sehnsucht ist der Himmel, Sehnsucht nur ist Glück.
Jede Wunscherfüllung, höchste Liebesgüte
Giebt das Glück der Sehnsucht nicht der Brust zurück.

»Tsisisi – tzisisisissi – komme doch geflogen!
Wo die Liebe liebet blüht das Paradies.
Dlo – dlo – dlo – dlo – meine Braut! Durch der Lüfte Wogen
Schwimme näher! Quio lilüli! Hoffnung ist so süß!«

Ja so süß ist Hoffnung auf das Glück der Liebe,
Daß das Glück der Liebe kaum der Hoffnung gleicht.
Himmelsahnungswonnen läutern unsre Triebe,
Bis des trunknen Herzens heißer Wunsch erreicht.

»Gollgollgollgollgia – hadadoi! O weile
Freundin nun nicht länger, nahe, nahe mir!
Quigi horr ha diadiadsi! Nahe mir, ich theile
Wonnen oder Wehe, Freundin, treu mit dir!«

Alle Wipfel schweigen, alle Blüthen Träumen,
Sanft zum Niedergange neigt der Abendstern.
Thaugefunkel regnet von den Blüthenbäumen,
Leise schütternd, segnend, haucht der Geist des Herrn.

Lülülülü lüli – guia guia guia
Guia guia guia io io ioioioio qui –
Higaigaigaigaigaigaigai gia –
Gaigaigaigai quior ziozio pi! –

Friedrich Hölderlin

Mein Eigentum

In seiner Fülle ruhet der Herbsttag nun,
    Geläutert ist die Traub und der Hain ist roth
        Vom Obst, wenn schon der holden Blüthen
            Manche der Erde zum Danke fielen.

Und rings im Felde, wo ich den Pfad hinaus
    Den stillen wandle, ist den Zufriedenen
        Ihr Gut gereift und viel der frohen
            Mühe gewähret der Reichtum ihnen.

Vom Himmel bliket zu den Geschäfftigen
    Durch ihre Bäume milde das Licht herab,
        Die Freude theilend, denn es wuchs durch
            Hände der Menschen allein die Frucht nicht.

Und leuchtest du, o Goldnes, auch mir, und wehst
    Auch du mir wieder, Lüftchen, als seegnetest
        Du eine Freude mir, wie einst, und
            Irrst, wie um Glükliche, mir am Busen?

Einst war ichs, doch wie Rosen, vergänglich war
    Das fromme Leben, ach! und es mahnen noch,
        Die blühend mir geblieben sind, die
            Holden Gestirne zu oft mich dessen.

Beglükt, wer, ruhig liebend ein frommes Weib,
    Am eignen Heerd in rühmlicher Heimath lebt,
        Es leuchtet über vestem Boden
            Schöner dem sicheren Mann sein Himmel.

Denn, wie die Pflanze, wurzelt auf eignem Grund
    Sie nicht, verglüht die Seele des Sterblichen,
        Der mit dem Tageslichte nur, ein
            Armer, auf heiliger Erde wandelt.

Zu mächtig ach! ihr himmlischen Höhen zieht
    Ihr mich empor, bei Stürmen, am heitern Tag
        Fühl ich verzehrend euch im Busen
            Wechseln, ihr wandelnden Götterkräfte.

Doch heute laß mich stille den trauten Pfad
    Zum Haine gehn, dem golden die Wipfel schmükt
        Sein sterbend Laub, und kränzt auch mir die
            Stirne, ihr holden Erinnerungen!

Und daß mir auch zu retten mein sterblich Herz,
    Wie andern eine bleibende Stätte sei,
        Und heimathlos die Seele mir nicht
            Über das Leben hinweg sich sehne,

Sei du, Gesang, mein freundlich Asyl! sei du
    Beglükender! mit sorgender Liebe mir
        Gepflegt, der Garten, wo ich, wandelnd
            Unter den Blüthen, den immerjungen,

In sichrer Einfalt wohne, wenn draußen mir
    Mit ihren Wellen allen die mächtge Zeit
        Die Wandelbare fern rauscht und die
            Stillere Sonne mein Wirken fördert.

Ihr seegnet gütig über den Sterblichen
    Ihr Himmelskräfte! jedem sein Eigentum,
        O seegnet meines auch und daß zu
            Frühe die Parze den Traum nicht ende.

HUGO VON HOFMANNSTHAL

Wir sind aus solchem Zeug wie das zu Träumen

Wir sind aus solchem Zeug wie das zu Träumen,
Und Träume schlagen so die Augen auf,
Wie kleine Kinder unter Kirschenbäumen,

Aus deren Krone den blassgoldnen Lauf
Der Vollmond anhebt durch die grosse Nacht.
... Nicht anders tauchen unsre Träume auf.

Sind da und leben, wie ein Kind, das lacht,
Nicht minder gross im Auf- und Niederschweben
Als Vollmond, aus Baumkronen aufgewacht.

Das Innerste ist offen ihrem Weben,
Wie Geisterhände im versperrten Raum
Sind sie in uns und haben immer Leben.

Und drei sind eins: ein Mensch, ein Ding, ein Traum.

ELSE LASKER-SCHÜLER

Ich träume so leise von dir ---

Immer kommen am Morgen schmerzliche Farben,
Die sind, wie deine Seele.

O, ich muss an dich denken
Und überall blühen so traurige Augen.

Und ich habe dir doch von grossen Sternen erzählt,
Aber du hast zur Erde gesehn.

Nächte wachsen aus meinem Kopf,
Ich weiss nicht wo ich hin soll.

Ich träume so leise von dir –
Weiss hängt die Seide schon über meinen Augen.

Warum hast du nicht um mich
Die Erde gelassen – sage? ...

Rainer Maria Rilke

Das Rosen-Innere

Wo ist zu diesem Innen
ein Außen? Auf welches Weh
legt man solches Linnen?
Welche Himmel spiegeln sich drinnen
in dem Binnensee
dieser offenen Rosen,
dieser sorglosen, sieh:
wie sie lose im Losen
liegen, als könnte nie
eine zitternde Hand sie verschütten.
Sie können sich selber kaum
halten; viele ließen
sich überfüllen und fließen
über von Innenraum
in die Tage, die immer
voller und voller sich schließen,
bis der ganze Sommer ein Zimmer
wird, ein Zimmer in einem Traum.

Stefan Zweig

Vertrauen

Oh, einmal kommt das Glück, wann es auch sei!
Da hastet nicht der Tag an mir vorbei
Hinein in's weite wirre Weltgetriebe,
Da trag' auch *ich* im Haare Frührotschein,
Und Sonne wird um meine Jugend sein,
Dem Prunkpokale meiner großen Liebe.

Da prangt die Welt in Glanz und Feierkleid
Und meine Liebe wird mir tote Zeit
Und stumme Zukunft morgengoldig färben! –
Am Tag, da meines *Lebens* Liebe blüht
Da ist des Leides letztes Scheit verglüht
Da wird auch meine wilde Sehnsucht sterben …

Ernst Stadler

Resurrectio

Flut, die in Nebeln steigt. Flut, die versinkt.
O Glück: das große Wasser, das mein Leben überschwemmte, sinkt, ertrinkt.
Schon wollen Hügel vor. Schon bricht gesänftigt aus geklärten Strudeln Fels und Land.
Bald wehen Birkenwimpel über windgesträhltem Strand.
O langes Dunkel. Stumme Fahrten zwischen Wolke, Nacht und Meer.
Nun wird die Erde neu. Nun gibt der Himmel aller Formen zarten Umriß her.
Herzlicht von Sonne, das sich noch auf gelben Wellen bäumt –
Bald kommt die Stunde, wo dein Gold in grünen Frühlingsmulden schäumt –
Schon tanzt im Feuerbogen, den der Morgen übern Himmel schlägt,
Die Taube, die im Mund das Ölblatt der Verheißung trägt.

Else Lasker-Schüler

[Mich führte in die Wolke mein Geschick]

Mich führte in die Wolke mein Geschick –
Wir teilten säumerisch mein erdentschwertes Glück.

Ich dachte viel an Julihimmel –
Du sahst das Blau in meinem Blick.

Und schwebten mit den Vögeln auf
Ein Silberrausch …
Bevor die Welt brach das Genick.

Und auch wir beide blieben nicht verschont
– Und träumen trübe unterm bleichen
Rosenstrauch im Mond
Die Lande unter uns: verblichnes Mosaik.

Stefan Zweig

Die Wolken

Vom Glanz des Mittags golden angeglüht
Lieg ich im Gras. Ich bin so wohlig müd.

Ein Schweigen flimmert. Warmen Atems ruht
Das Leben aus. Nur hoch in blauer Flut

Gehn Wolken hin, das einzig noch Bewegte
Der schwülen Welt, die sich zum Schlafe legte.

Gehn Wolken hin … Ich seh die linden leisen
Gestalten leichtbeschwingt wie Träume reisen.

So weiß sind sie, so lächelnd aller Schwere,
Daß ich zutiefst so leises Glück begehre.

Du erste, träumerisch und mädchenzart,
Dir geb ich meine Sehnsucht auf die Fahrt,

Und dir, du zweite, mit den hellen schnellen
Armen dich stoßend durch die blauen Wellen,

Nimm die Erinnerung! Die kettet an
Die Welt mein Herz. Du weißer wilder Schwan

Schaust auch die Welt, doch deine Schwingen spüren
Die Dinge nicht, die sie im Flug berühren.

Und du mit dem demantenen Geleucht
Nimm diese Träume, noch von Tränen feucht!

Du Dunkle aber, wandernd ohne Ziel
Verliebten Winds unwilliges Gespiel,

Du nimm mein Leid an deine vollen Brüste
Und wieg es weiter! Ferne winkt die Küste

Des Abends schon wie dunkelblaue Seide. –
Ihr Wolken, weißes wehendes Geschmeide,

Wie rasch ihr geht! Mit lauen Händen streicht
Der Wind euch weiter. Und mein Herz wird leicht.

Was Unrast noch in meinem Blute war,
Weht weit im Wind wie loses Frauenhaar.

Was sehnte ich? Ich seh die Wolken wehn,
Ihr Lächeln friedsam auf mich niedersehn.

Nichts will ich mehr … Der letzte Wunsch entglitt.
Nichts hält mich mehr … Ich reise träumend mit.

Hugo von Hofmannsthal

Südliche Mondnacht

Werden zu doppelter Lust nun doppelte Tage geboren?
Ehe der eine versank, steigt schon der neue herauf!
Herrlich in Salben und Glanz, gedächtnislos wie ein Halbgott,
Deckt er mir Gärten und See zu mit erstarrendem Prunk.
Und der vertrauliche Baum wird fremd, fremd funkelt der Springbrunn,
Fremde und dunkle Gewalt drängt sich von außen in mich.
Sind dies die Büsche, darin die bunten Gedanken genistet?
Kaum mehr erkenn ich die Bank! Die ists? Die lauernde hier?
Aber sie ists, denn im Netz der fleißigen, winzigen Spinne
Hängt noch der schimmernde Punkt! Komm ich mir selber zurück?
Als dein Brief heut kam – ich riss mit zu hastigen Fingern
Ungeduldig ihn auf –, flogen die Teilchen hinweg
Von dem zerrissenen Rand: Sie sprühten wie Tropfen dem Trinker,
Wenn er zum Springbrunn sich drängt, um den verdürsteten Mund!
Ja, jetzt drängt sichs heran und kommt übers Wasser geschwommen,
Hebt sich mit lieblichem Arm rings aus dem Dunkel zu mir:
Wie ein Entzauberter atme ich nun, und erst recht nun verzaubert,
Und in der starrenden Nacht halt ich den Schlüssel des Glücks!

Hilde Domin

Windgeschenke

Die Luft ein Archipel
von Duftinseln.
Schwaden von Lindenblüten
und sonnigem Heu,
süß vertraut,
stehen und warten auf mich
als umhüllten mich Tücher,
von lange her
aus sanftem Zuhaus
von der Mutter gewoben.

Ich bin wie im Traum
und kann den Windgeschenken
kaum glauben.
Wolken von Zärtlichkeit
fangen mich ein,
und das Glück beißt
seinen kleinen Zahn
in mein Herz.

»*Leben sei Freude* und *Kummer*«

Von Glück und Unglück

ROBERT GERNHARDT

Der Insistierende

Ja – nehmense nur mal die Linde.
Großes Blatt, kleine Blüte. Ich finde,
die blüht zwar nur kurz, doch besessen,
da könnse das Blatt glatt vergessen.

Na klar. Ohne Blatt keine Blüte.
Ich rede nur so in die Tüte.
Und weiß auch: Ein jegliches Glänzen
hält sich natürlich in Grenzen.

Und doch ist das Blühen das Wahre.
Das Blatt ist – na, noch nicht ganz Bahre,
doch schon hart am Rand jeder Reife,
auf die ich verdammt noch mal pfeife.

Ach kommse mir nicht mit der Nummer,
Leben sei Freude *und* Kummer.
Erzählense das Ihrem Kinde.
Nein – nehmense nur mal die Linde …

Stefan George

es lacht in dem steigenden jahr dir

es lacht in dem steigenden jahr dir
der duft aus dem garten noch leis.
flicht in dem flatternden haar dir
eppich und ehrenpreis.

die wehende saat ist wie gold noch ·
vielleicht nicht so hoch mehr und reich ·
rosen begrüssen dich hold noch ·
ward auch ihr glanz etwas bleich.

verschweigen wir was uns verwehrt ist ·
geloben wir glücklich zu sein
wenn auch nicht mehr uns beschert ist
als noch ein rundgang zu zwein.

Ferdinand Raimund

Lied

Da streiten sich die Leut herum
Oft um den Wert des Glücks,
Der eine heißt den andern dumm,
Am End weiß keiner nix.
Da ist der allerärmste Mann
Dem andern viel zu reich.
Das Schicksal setzt den Hobel an
Und hobelt s' beide gleich.

Die Jugend will halt stets mit Gwalt
In allen glücklich sein,
Doch wird man nur ein bissel alt,
Da find man sich schon drein.
Oft zankt mein Weib mit mir, o Graus!
Das bringt mich nicht in Wut.
Da klopf ich meinen Hobel aus
Und denk, du brummst mir gut.

Zeigt sich der Tod einst mit Verlaub
Und zupft mich: Brüderl, kumm!
Da stell ich mich im Anfang taub
Und schau mich gar nicht um.
Doch sagt er: Lieber Valentin!
Mach keine Umständ! Geh!
Da leg ich meinen Hobel hin
Und sag der Welt Adje.

Nikolaus Lenau

Der Postillon

Lieblich war die Maiennacht,
Silberwölklein flogen
Ob der holden Frühlingspracht
Freudig hingezogen.

Schlummernd lagen Wies' und Hain,
Jeder Pfad verlassen,
Niemand als der Mondenschein
Wachte auf der Straßen.

Leise nur das Lüftchen sprach,
Und es zog gelinder
Durch das stille Schlafgemach
All der Frühlingskinder.

Zagend nur das Bächlein schlich,
Denn der Blüthen Träume
Dufteten so wonniglich
Durch die stillen Räume.

Rauher war mein Postillon,
Ließ die Geißel knallen,
Ueber Berg und Thal davon
Frisch sein Horn erschallen.

Und von flinken Rossen vier
Scholl der Hufe Schlagen,
Die durch's blühende Revier
Trabten mit Behagen.

Feld und Wald im raschen Zug
Kaum gegrüßt – gemieden,
Und vorbei wie Traumesflug
Schwand der Dörfer Frieden.

Eduard Mörike

An einem Wintermorgen.
Vor Sonnenaufgang.

O flaumenleichte Zeit der dunkeln Frühe!
Welch neue Welt bewegest du in mir?
Was ist's, daß ich auf einmal nun in dir
Von sanfter Wollust meines Daseyns glühe?

Einem Krystall gleicht meine Seele nun,
Den noch kein falscher Strahl des Lichts getroffen;
Zu fluthen scheint mein Geist, er scheint zu ruh'n,
Dem Eindruck naher Wunderkräfte offen,
Die aus dem klaren Gürtel blauer Luft
Zuletzt ein Zauberwort vor meine Sinne ruft.

Bei hellen Augen glaub' ich doch zu schwanken,
Ich schließe sie, daß nicht der Traum entweiche;
Seh' ich hinab in holde Feenreiche?
Wer hat den bunten Schwarm von Bildern und Gedanken
Zur Pforte meines Herzens hergeladen,
Die glänzend sich in diesem Busen baden,
Goldfarb'gen Fischlein gleich im Gartenteiche?

Ich höre bald der Hirtenflöten Klänge,
Wie um die Krippe jener Wundernacht,
Bald weinbekränzter Jugend Lustgesänge:
Wer hat das friedenselige Gedränge
In meine traurigen Wände hergebracht?

Und welch Gefühl entzückter Stärke,
Indem mein Sinn sich frisch zur Ferne lenkt?
Vom ersten Mark des heut'gen Tags getränkt,

Fühl' ich mir Muth zu jedem frommen Werke!
Die Seele fliegt, so weit der Himmel reicht,
Der Genius jauchzt in mir; – doch sage,
Warum wird jetzt der Blick von Wehmuth feucht?
Ist's ein verloren Glück, was mich erweicht?
Ist es ein werdendes, was ich im Herzen trage?
– Hinweg, mein Geist! hier gilt kein Stillestehn;
Es ist ein Augenblick, und – Alles wird verwehn!

Dort sieh! am Horizont lüpft sich der Vorhang schon,
Es träumt der Tag, nun sey die Nacht entflohn,
Die Purpurlippe, die geschlossen lag,
Haucht, halbgeöffnet, süße Athemzüge,
Auf einmal blitzt das Aug', und, wie ein Gott, der Tag
Beginnt im Sprung die königlichen Flüge!

Es mag sein

Es mag sein, daß alles fällt,
Daß die Burgen dieser Welt
Um dich her in Trümmer brechen.
Halte du den Glauben fest,
Daß dich Gott nicht fallen läßt:
Er hält sein Versprechen.

Es mag sein, daß Trug und List
Eine Weile Meister ist,
Wie Gott will, sind Gottes Gaben.
Rechte nicht um Mein und Dein;
Manches Glück ist auf den Schein,
Laß es Weile haben.

Es mag sein, daß Frevel siegt,
Wo der Fromme niederliegt;
Doch nach jedem Unterliegen
Wirst du den Gerechten sehn
Lebend aus dem Feuer gehn,
Neue Kräfte kriegen.

Es mag sein, die Welt ist alt;
Missetat und Mißgestalt
Sind in ihr gemeine Plagen.
Schau dir's an und stehe fest:
Nur wer sich nicht schrecken läßt,
Darf die Krone tragen.

Es mag sein, so soll es sein!
Faß ein Herz und gib dich drein;
Angst und Sorge wird's nicht wenden.
Streite, du gewinnst den Streit!
Deine Zeit und alle Zeit
Stehn in Gottes Händen.

Gottfried Benn

Einsamer nie –

Einsamer nie als im August:
Erfüllungsstunde –, im Gelände
die roten und die goldenen Brände,
doch wo ist deiner Gärten Lust?

Die Seen hell, die Himmel weich,
die Äcker rein und glänzen leise,
doch wo sind Sieg und Siegsbeweise
aus dem von dir vertretenen Reich?

Wo alles sich durch Glück beweist
und tauscht den Blick und tauscht die Ringe
im Weingeruch, im Rausch der Dinge, –:
dienst du dem Gegenglück, dem Geist.

ELSE LASKER-SCHÜLER

Das Wunderlied

Schwärmend trat ich aus glitzerndem Herzen
Wogender Liebesfäden,

Ganz schüchtern, hervor; Nacht im Auge,
Geöffnete Lippen ...

Aber wo auch ein See lockte,
Goldene Tränke,

Starb an der Labe mein pochendes Wild
In der Brust.

Was soll mir der Wein deines Tisches,
Reichst du mir des Herzens Mannah nicht.

Süß mir, wenn ich im Rauschen der Liebe
Für dich gestorben wär –

Nun ist mein Leben verschneit,
Erstarrt meine Seele,

Die lächelte sonntäglich dir
Frieden ins Herz.

Ich suche das Glück nicht mehr.
Wo ich auch unter hochzeitlichem Morgen saß,

Erfror der träumende Lotos
Auf meinem Blut.

Kurt Tucholsky

Liebespaar am Fenster

Dies ist ein Sonntag vormittag;
wir lehnen so zum Spaße
leicht ermüdet zum Fenster hinaus
und sehen auf die Straße.
    Die Sonne scheint. Das Leben rinnt.
    Ein kleiner Hund, ein dickes Kind …
    Wir haben uns gefunden
    für Tage, Wochen, Monate
        und für Stunden – für Stunden.

Ich, der Mann, denke mir nichts.
Heut kann ich zu Hause bleiben,
heute geh ich nicht ins Büro –
… an die Steuer muß ich noch schreiben …
    Wieviel Uhr? Ich weiß nicht genau.
    Sie ist zu mir wie eine Frau,
    ich fühl mich ihr verbunden
    für Tage, Wochen, Monate
        und für Stunden – für Stunden.

Ich, die Frau, bin gern bei ihm.
Von Heiraten wird nicht gesprochen.
Aber eines Tages will ich ihn mir
ganz und gar unterjochen.
    Die Dicke, daneben auf ihrem Balkon,
    gibt ihrem Kinde einen Bonbon
    und spielt mit ihren Hunden …
    So soll mein Leben auch einmal sein –
        und nicht nur für Stunden – für Stunden.

Von Kopf zu Kopf umfließt uns ein Strom;
noch sind wir ein Abenteuer.
Eines Tages trennen wir uns,
eine andere kommt ... ein neuer ...
    Oder wir bleiben für immer zusammen;
dann erlöschen die großen Flammen,
Gewohnheit wird, was Liebe war.
Und nur in seltenen Sekunden
blitzt Erinnerung auf an ein schönes Jahr,
    und an Stunden – an glückliche Stunden.

Rose Ausländer

Du bist die Stimme

Sei mir gewogen
Fremdling
ich liebe dich
den ich nicht kenne

Du bist die Stimme
die mich betört
Ich hab dich gehört
ruhend auf grünem Samt
du Moosatem
du Glocke des Glücks
und der unsterblichen Trauer

Hilde Domin

Tröstung

Das blasse
beschädigte Herz
wird aufgenommen
und in die frühe Sonne gelegt
auf den Brustfedern
kleiner Vögel.
Morgenlotionen
aus Blau
werden täglich erneut
bis die Tränenkrusten
weggeschwemmt sind
und das Herz
schwer wird von Süße
wie eine gezuckerte Frucht.
Dann wird es eingepflanzt
wie Saatkorn aus Gräbern
in die schmerzende Furche
und die Wunde wird mit dem Speichel
sanfter Küsse verheilt.
Und das Korn
totes Glück
schlägt Wurzel und keimt.
Alle Adern schmecken danach
bis meine Fingerspitzen
rosig sind
wie die eines Kinds.

Theodor Fontane

Rückblick

Es geht zu End, und ich blicke zurück.
Wie war mein Leben? Wie war mein Glück?

Ich saß und machte meine Schuh;
Unter Lob und Tadel sah man mir zu.

»Du dichtest, das ist das Wichtigste ...«
»Du dichtest, das ist das Nichtigste.«

»Wenn Dichtung uns nicht zum Himmel trüge ...«
»Phantastereien, Unsinn, Lüge.«

»Göttlicher Funke, Prometheusfeuer ...«
»Zirpende Grille, leere Scheuer.«

Von hundert geliebt, von tausend mißacht't,
So hab ich meine Tage verbracht.

RAINER MARIA RILKE

Die Spitze

I

Menschlichkeit: Namen schwankender Besitze,
noch unbestätigter Bestand von Glück:
ist das unmenschlich, daß zu dieser Spitze,
zu diesem kleinen dichten Spitzenstück
zwei Augen wurden? – Willst du sie zurück?

Du Langvergangene und schließlich Blinde,
ist deine Seligkeit in diesem Ding,
zu welcher hin, wie zwischen Stamm und Rinde,
dein großes Fühlen, kleinverwandelt, ging?

Durch einen Riß im Schicksal, eine Lücke
entzogst du deine Seele deiner Zeit;
und sie ist so in diesem lichten Stücke,
daß es mich lächeln macht vor Nützlichkeit.

II

Und wenn uns eines Tages dieses Tun
und was an uns geschieht gering erschiene
und uns so fremd, als ob es nicht verdiene,
daß wir so mühsam aus den Kinderschuhn
um seinetwillen wachsen –: Ob die Bahn
vergilbter Spitze, diese dichtgefügte
blumige Spitzenbahn, dann nicht genügte,
uns hier zu halten? Sieh: sie ward *getan*.

Ein Leben ward vielleicht verschmäht, wer weiß?
Ein Glück war da und wurde hingegeben,
und endlich wurde doch, um jeden Preis,
dies Ding daraus, nicht leichter als das Leben
und doch vollendet und so schön als sei's
nicht mehr zu früh, zu lächeln und zu schweben.

Hilde Domin

Nachmittag am Guadalquivir

Aber das Glück.

Mach ein Kreuz auf den Boden:
Hier war ich glücklich.
Aus gar keinem Grund,
wie man glücklich ist, ohne Gründe.
Nachmittag am Guadalquivir,
die Brücke voll Sonne,
du selber tanzende Luft,
nichts Festes.

Du steigst nicht auf.
Das Glück ist kein Flugzeug,
hat keinen Fahrplan,
keinen Lufthafen.
Ein großer Vogel,
der einen kleinen
auf seine Fittiche nimmt.
Irgendwo.
Du hast an der falschen Stelle gewartet.

Das Kennwort für die Abfahrt
war dies Jahr anders.
Vielleicht eine Wolke in einer Wasserlache,
eine Lokomotive
mit einem Blumenstrauß an der Brust.
(Weil der Heizer Geburtstag hat,
grüßt dich der Zug
mit einem gelben Bukett.)

Es war unnütz,
Fußstapfen auf den Boden zu zeichnen
in frische Farbe
oder in feuchten Zement
und den Fuß in den Abdruck zu passen.
Die Spur eines Toten,
Jahrhunderte tot,
ist dir nicht fremder.

Stefan Zweig

Erste Schatten

Die Liebesworte sind verzittert,
Und heimlich wird die Frage laut:
»Wird all' das Glück uns eigen werden,
Das uns heiße Sehnsucht baut?«

Wir wagen's beide nicht zu sagen,
Wir beten nur und atmen kaum. –
Das Schweigen irrt mit Silberschwingen
Durch den resedenschwülen Raum …

Ernst Halter

Gravitation

Die Anziehung der Erde ist rot,
die goldgewichtigen Städte
läuten von fern,
unter der Glocke der Schwerkraft
bitt ich die Dinge, mich zu lieben.

Du geschenkte Wunde, langer Mut,
aus der Erschöpfung zu sein.
Krank nach dem Glück,
das Jahre wog, Tage leicht war,
weine ich, um zu leben.

Robert Gernhardt

Verliebter Dichter

Freude in der Straße:
Dichter ist verliebt!
Ja, wenn das nicht
einen Haufen
schöne Gedichte ergibt!

Jubel in der Straße:
Frau hat ihn verschmäht!
Na, wenn da nicht
mehr als eine
Elegie entsteht!

Zweifel in der Straße:
Frau hat ihm gewinkt!
Tja, ob das wohl
etwas für die
Dichtung bringt?

Kummer in der Straße:
Frau hat ihn geküßt.
Ach, wenn das mal
nicht der Anfang
von dem Ende ist!

Trauer in der Straße:
Frau hat ihn erhört.
Da weiß jeder,
damit hat sich's
leider ausgeröhrt.

Jan Wagner

saint-just

*To the like effect, or still more plainly, spake young
Saint-Just, the black-haired, mild-toned youth.«
– Thomas Carlyle, The French Revolution, Vol. III –*

»das wahre glück: den unglücklichen helfen«.
ein satz von meiner hand. mit idealen,
mein freund, bist du so einsam unter menschen
    wie die axt im wald.

der citoyen prudhon hat ein portrait
von mir geschaffen. mein gesicht darauf
so fein und transparent – fast sieht man sie,
    die wand dahinter.

die nationalversammlung und das pult,
das seiner redner harrt: ein falsches wort,
ein laut zuviel nur, und der beifall rauscht
    als fallbeil herab.

THEODOR FONTANE

Man hat es oder hat es nicht

Nur als Furioso nichts erstreben
Und fechten, bis der Säbel bricht,
Es muß sich dir von *selber* geben,
Man hat es oder hat es nicht.

Der Weg zu jedem höchsten Glücke,
Wär das Gedräng auch noch so dicht,
Ist keine Beresina-Brücke, –
Man hat es oder hat es nicht.

Glaub nicht, du könnst es *doch* erklimmen
Und Wolln sei höchste Kraft und Pflicht,
Was *ist*, ist durch Vorherbestimmen, –
Man hat es oder hat es nicht.

Johann Gottfried Herder

Der Augenblick

Warum denn währt des Lebens Glück
Nur einen Augenblick?
Die zarteste der Freuden
Stirbt wie der Schmetterling,
Der, hangend an der Blume,
Verging, verging.

Wir ahnen, wir genießen kaum
Des Lebens kurzen Traum.
Nur im unsel'gen Leiden
Wird unser Herzeleid
In einer bangen Stunde
Zur Ewigkeit.

Quellenverzeichnis

Friedrich Adler (1857–1938)
Glück
Aus: Ders.: Neue Gedichte. Leipzig 1899.

Hans Adler (1880–1957)
Sonett
Aus: Ders.: Affentheater. Gedichte. E. P. Tal & Co., Wien 1920.

Ilse Aichinger (1921–2016)
Das Geburtshaus
Aus: Dies.: Verschenkter Rat. Gedichte. 4. Aufl. Frankfurt am Main 2008.

Achim von Arnim (1781–1831)
Mir ist zu licht zum Schlafen
Aus: Ders.: Armuth, Reichthum, Schuld und Buße der Gräfin Dolores. Eine wahre Geschichte zur lehrreichen Unterhaltung armer Fräulein aufgeschrieben. Erster Band mit Melodien. Berlin, Realschulbuchhandlung 1809.

Rose Ausländer (1901–1988)
Die Bäume; Gemeinsam I; Das Schönste; Im Süden; Chagallisch; Daheim; Du bist die Stimme
Aus: Dies.: Gedichte. Herausgegeben von Helmut Braun. Frankfurt am Main 2012.

Ludwig Bechstein (1801–1860)
Noch ein Nachtigallenlied
Aus: Ders.: Neue Naturgeschichte der Stubenvögel. Hahn Hannover 1846.

Gottfried Benn (1886–1956)
Einsamer nie –
Aus: Ders.: Gedichte in der Fassung der Erstdrucke. Mit einer Einführung hrsg. von Bruno Hillebrand. Frankfurt am Main: Fischer Taschenbuch Verlag 1982.
© 1948, 2006 by Arche Literatur Verlag AG, Zürich–Hamburg

März. Brief nach Meran
Aus: März. Brief nach Meran. Aus: Gottfried Benn. Sämtliche Gedichte.
   Klett-Cotta, Stuttgart 1998.
© 1998, Klett-Cotta, Stuttgart

ELISABETH BORCHERS (1926–2013)
Was alles braucht's zum Paradies
Aus: Dies.: Wer lebt. Gedichte. Frankfurt am Main 1986.
© Suhrkamp Verlag, Frankfurt am Main 1986

THOMAS BRASCH (1945–2001)
Der schöne 27. September
Aus: Ders.: Der schöne 27. September. Gedichte. Mit einem Nachwort von
   Christa Wolf. Frankfurt am Main 1983.
© Suhrkamp Verlag, Frankfurt am Main 1980

BERTOLT BRECHT (1898–1956)
Ballade von der Unzulänglichkeit menschlichen Planens; Vergnügungen
Aus: Ders.: Werke. Große kommentierte Berliner und Frankfurter Aus-
   gabe. Herausgegeben von Jan Knopf u. Brigitte Bergheim. Bd. 11;
   Bd. 15. Frankfurt am Main 1993.
© Bertolt-Brecht-Erben/Suhrkamp Verlag 1988
© Bertolt-Brecht-Erben/Suhrkamp Verlag 1930

HERMANN BROCH (1886–1951)
Kulinarisches Liebeslied
Aus: Ders.: Kommentierte Werkausgabe in dreizehn Bänden. Herausgege-
   ben von Paul Michael Lützeler. Band 8: Gedichte. Frankfurt am Main
   1980.
Es sitzt ein Vogel auf dem Leim...
Aus: Ders.: Kritik des Herzens. Heidelberg 1974.
Fortuna
Aus: Ders.: Gedichte. Zürich 1974.

MATTHIAS CLAUDIUS (1740–1815)
Abendlied
Aus: Ders.: Werke in einem Band. Herausgegeben von Jost Perfahl. Mün-
   chen 1976.

MAX DAUTHENDEY (1867–1918)
Glück
Aus: Ders.: Gesammelte Werke in 6 Bänden, Band 4: Lyrik und kleinere
   Versdichtungen. München 1925.

RICHARD DEHMEL (1863–1920)
Mein Trinklied
Aus: Ders.: Gedichte. Stuttgart 1990.
Der Arbeitsmann
Aus: Ders.: Gesammelte Werke in drei Bänden. Erster Band. Berlin: S. Fischer 1918.

HILDE DOMIN (1909–2006)
Schöner; Windgeschenke; Nachmittag am Guadalquivir; Mein Geschlecht zittert; Tröstung
Aus: Dies.: Sämtliche Gedichte. Herausgegeben von Nikola Herweg u. Melanie Reinhold. Mit einem Nachwort von Ruth Klüger. Frankfurt am Main 2015.

ANNETTE VON DROSTE-HÜLSHOFF (1797–1848)
Am Thurme; Im Grase
Aus: Dies.: Sämtliche Werke in zwei Bänden. Nach dem Text der Originaldrucke und der Handschriften. Herausgegeben von Günther Weydt u. Winfried Woesler. Bd. 1. München 1973.
Das Ich der Mittelpunkt der Welt
Aus: Dies.: Sämtliche Werke. Herausgegeben von Bodo Plachta u. Winfried Woesler. Bd. 1: Gedichte. Frankfurt am Main 1994.
Sommer
Aus: Dies.: Sämtliche Werke in zwei Bänden. Bd 1. Hg. von Bodo Plachta und Winfried Woesler. Frankfurt am Main: Deutscher Klassiker Verlag 1994.

JOSEPH VON EICHENDORFF (1788–1857)
Glück; Mondnacht; Neue Liebe
Aus: Ders.: Gedichte. Frankfurt am Main 2010.
Die Nacht; Schöne Fremde
Aus: Sämtliche Werke des Freiherrn Joseph von Eichendorff. Historisch-Kritische Ausgabe. Band I, 1: Gedichte. Erster Teil. Herausgegeben von Harry Fröhlich u. Ursula Regener. Stuttgart, Berlin, Köln 1993.

THEODOR FONTANE (1819–1898)
Trost; Es kribbelt und wibbelt weiter; Glück; Welches von beiden; Spätes Ehestandsglück; Rückblick; Man hat es oder hat es nicht
Aus: Ders.: Gedichte. Hrsg. von Joachim Krueger und Anita Golz. Bd. 1: Gedichte (Sammlung 1898), Aus den Sammlungen ausgeschiedene Gedichte. Bd. 2: Einzelpublikationen, Gedichte aus Prosatexten, Gedichte aus dem Nachlaß. Berlin: Aufbau-Verlag 1995.

Nicht Glückes bar sind deine Lenze
Aus: Ders.: Sämtliche Werke. Bd. 1–25, Band 20, München 1959–1975.

STEFAN GEORGE (1868–1933)
es lacht in dem steigenden jahr dir
Aus: Gedichte des Barock. Stuttgart, Reclam 1980.

ROBERT GERNHARDT (1937–2006)
Klinik-Lied; Rede vom Glück; Der Insistierende; Was ist Kunst; Verliebter Dichter; Beispiel Bella zum Zweiten; Vorfreude auf den Morgengang; Biographie
Robert Gernhardt: Gesammelte Gedichte. 1954–2006. Frankfurt am Main 2008.
Trost und Rat; Herbstlicher Baum in der Neuhaußstraße; Lied der Toscana-Deutschen
Aus: Ders.: Das große Lesebuch. Frankfurt am Main: S. Fischer Verlag 2017.

JOHANN WOLFGANG GOETHE (1749–1832)
Der Bräutigam
Aus: Ders.: Sämtliche Werke. Bd. 2: Gedichte 1756–1799. Hrsg. v. Karl Eibl. Frankfurt am Main 1987.
Erinnerung
Aus: Ders.: Sämtliche Werke. Bd. 1: Gedichte 1800–1832. Hrsg. v. Karl Eibl. Frankfurt am Main 1988.
Willkommen und Abschied
Aus: Ders.: Hamburger Ausgabe. Band 1. München: C. H. Beck, 1982.
Freudvoll und leidvoll
Aus: Ders.: Egmont. In: Sämtliche Werke. Bd. 5: Dramen 1776–1790. Hrsg. v. Dieter Borchmeyer. Frankfurt am Main 1988.
Maifest
Aus: Ders.: Werke. Hamburger Ausgabe. Bd. I: Gedichte und Epen I. 16. durchg. Aufl. München 1996.
Suleika
Aus: Ders.: Berliner Ausgabe. Poetische Werke. Band 1–16, Band 3, Berlin: Aufbau Verlag, 1906.

MAX GOLDT (1958 – heute)
Die schönste Art halbtot zu sein (Gekitzelt werden)
Aus: Ders.: Für Nächte am offenen Fenster. Die prachtvollsten Texte von 1988–2002. Rowohlt, Reinbek bei Hamburg 2003.
© Rowohlt, Hamburg 2003

GÜNTER GRASS (1927–2015)
Augenblickliches Glück
Aus: Ders.: Letzte Tänze. Göttingen: Steidl 2003.

FRANZ GRILLPARZER (1791–1872)
Wert der Freundschaft
Aus: Ders.: Sämtliche Werke. Bd. I: Gedichte, Epigramme, Dramen I. Hanser, München 1960.

FRIEDRICH VON HAGEDORN (1708–1754)
Der Frühling
Aus: Eckart Kleßmann (Hg.): Die vier Jahreszeiten. Gedichte. Stuttgart: Philipp Reclam jun. 1991.

HAIKU
Mich meinem Dorf nähernd; Über mein Portrait
Aus: Haiku. Herausgegeben und aus dem Englischen übersetzt von Hans Jürgen Balmes. Frankfurt: S. Fischer Verlag 2016.

ERNST HALTER (* 1938)
Gravitation
Aus: Aschermittwoch. Gedichte. Frankfurt am Main: S. Fischer Verlag, 2018.

FRIEDRICH VON HAGEDORN (1708–1754)
Aufmunterung zum Vergnügen
Aus: Ders.: Des Herrn Friedrich von Hagedorn sämmtliche Poetische Werke. Dritter Theil. Wien 1765.

FRIEDRICH HEBBEL (1813–1863)
Herbstbild
Aus: Ders.: Gedichte. Eine Auswahl. Stuttgart 1977.

HEINRICH HEINE (1797–1856)
Das Glück ist eine leichte Dirne
Aus: Ders.: Gedichte. Zürich 1977.
Sie saßen und tranken am Teetisch ...
Aus: Ders.: Sämtliche Gedichte in zeitlicher Folge. Herausgegeben von Klaus Briegleb. Frankfurt am Main und Leipzig 1993.

JOHANN GOTTFRIED HERDER (1744–1803)
Ein Traum, ein Traum ist unser Leben
Aus: Ders.: Sämtliche Werke. Zur schönen Literatur und Kunst. Dritter Theil. Stuttgart und Tübingen 1827.

Der Augenblick
Aus: Ders.: Werke. Erster Theil. Gedichte, Berlin 1879.

GEORG HERWEGH (1817–1875)
Die Geschäftigen
Aus: Ders.: Gedichte eines Lebendigen. Zürich und Winterthur 1841.

PAUL HEYSE (1830–1914)
Freunde; Ich sah mein Glück vorübergehn
Aus: Ders.: Spruchbüchlein. Berlin 1886.

AUGUST HEINRICH HOFFMANN VON FALLERSLEBEN (1798–1874)
Der Sommer
Aus: Ders.: Das große Lesebuch. Herausgegeben von Heinz Ludwig Arnold. Frankfurt am Main 2011.
Wie mein Kind sich freuen kann!
Aus: Ders.: Gedichte und Lieder. Herausgegeben von Hermann Wendebourg u. Anneliese Gebert. Hamburg 1974.

WOLFGANG HILBIG (1941–2007)
Die Blumenbetrachtung; episode
Aus: Ders.: Gedichte. Mit einem Nachwort von Uwe Kolbe. In: Ders.: Werke. Bd. 1. Herausgegeben von Jörg Bong, Jürgen Hosemann und Oliver Vogel. Frankfurt am Main 2008.

HUGO VON HOFMANNSTHAL (1874–1929)
Was ist die Welt?
Aus: Ders.: Gesammelte Werke in Einzelausgaben. Herausgegeben von H. Steiner. Gedichte und lyrische Dramen. Frankfurt am Main 1963.
Sturmnacht
Aus: Ders.: Die Gedichte. Herausgegeben von Hansgeorg Schmidt-Bertram. Frankfurt am Main und Leipzig 2000.
Wir sind aus solchem Zeug wie das zu Träumen
Aus: Ders.: Sämtliche Werke. Kritische Ausgabe. Band I: Gedichte 1. Hrsg. von Eugene Weber. Frankfurt a. M.: S. Fischer 1984.
Südliche Mondnacht
Aus: Ders.: Gesammelte Werke in zehn Einzelbänden. Band 1: Gedichte, Dramen, Frankfurt a. M. 1979.

CHRISTIAN HOFFMANN VON HOFFMANNSWALDAU (1616–1679)
Lob der Vergnügung
Aus: Ders.: Deutsche Übersetzungen und Gedichte. Breslau 1684.

FRIEDRICH HÖLDERLIN (1770–1843)
An die Parzen; Hymne an die Liebe; Der Jüngling / An die klugen Ratgeber;
  Ehemals und jetzt
Aus: Ders.: Sämtliche Werke. Kleine Stuttgarter Ausgabe. Herausgegeben
  von Friedrich Beißner. Bd. 1 u. 2. Stuttgart 1946–1962.
Der Spaziergang
Aus: Ders.: Sämtliche Werke und Briefe. 3 Bde. Bd. 1: Gedichte. Herausge-
  geben von Jochen Schmidt. Frankfurt am Main 1992.
Mein Eigentum
Aus: Friedrich Hölderlin's gesammelte Werke. Stuttgart und Tübingen 1846.

ARNO HOLZ (1863–1929)
Mählich durchbrechende Sonne; Religionsphilosophie
Aus: Ders.: Werke. Hrsg. v. Wilhelm Emrich u. Anita Holz. Bd. 1. Neuwied
  1961.

WULF KIRSTEN (* 1934)
die eskaladierwand; blaues geflügel
Aus: erdanziehung. Gedichte. Frankfurt am Main: S. Fischer Verlag, 2019.

UWE KOLBE (* 1957)
Der Vortrag; Selbander; Glück
Aus: Ders. Imago. Gedichte. Frankfurt am Main: S. Fischer Verlag, 2020.

KARL KROLOW (1915–1999)
Ziemlich viel Glück
Aus: Ders.: Meine Gedichte. Frankfurt am Main 1990.
© Suhrkamp Verlag, Frankfurt am Main 1975

REINER KUNZE (* 1933)
Verstreutes Kalenderblatt. Mittsommer
Aus: Ders.: die stunde mit dir selbst. Gedichte. Frankfurt am Main 2021.

ISOLDE KURZ (1853–1944)
Wegwarte
Aus: Dies.: Gedichte. Berlin 2019.

ELSE LASKER-SCHÜLER (1869–1945)
'Athánatoi; Frühling; Senna Hoy
Aus: Dies.: Die Gedichte 1902–1943. Herausgegeben von Friedhelm Kemp.
  Frankfurt am Main 1997.
Meinlingchen. (Meinem Jungen zu eigen.)
Aus: Styx. Gedichte. Berlin: Axel Jung Verlag, 1902.

Mein Liebeslied.
Aus: Der siebente Tag. Gedichte. Berlin: Verlag des Vereins für Kunst, 1905.
Heimlich zur Nacht; Ich träume so leise von dir – – –
Aus: Die Nächte der Tino von Bagdad. Berlin Stuttgart Leipzig: Axel Juncker Verlag, 1907.
An zwei Freunde
Aus: Die gesammelten Gedichte von Else Lasker-Schüler. Leipzig: Verlag der Weißen Bücher, 1917.
[Pablo]
Aus: Der Wunderrabbiner von Barcelona. Berlin: Paul Cassirer, 1921.
Das Wunderlied
Aus: Konzert. Berlin: Rowohlt, 1932.
[Mich führte in die Wolke mein Geschick]
Aus: Dies.: Sämtliche Gedichte. Frankfurt am Main: Fischer Taschenbuch 2016.

Nikolaus Lenau (1802–1850)
Liebesfrühling
Aus: Ders.: Werke in einem Band. Herausgegeben von Walter Dietze und Heinz Arnold. Berlin und Weimar 1975.
Der Postillon
Aus: Ders.: Werke und Briefe. Historisch-kritische Gesamtausgabe. Hrsg. im Auftrag der Internationalen Lenau-Gesellschaft. Band 1: Gedichte bis 1834. Hrsg. von Herbert Zeman und Michael Ritter in Zusammenarbeit mit Wolfgang Neuber und Xavier Vicat. Wien: Deuticke, Klett-Cotta 1995.

Michael Lentz (* 1964)
in liebesdingen
Aus: Ders.: Offene Unruh. 100 Liebesgedichte. S. Fischer, Frankfurt am Main 2010.

Gotthold Ephraim Lessing (1729–1781)
Die Faulheit
Aus: Ders.: Sämmtliche Werke. Bd. III. Wien 1801.

Detlev von Liliencron (1844–1909)
Glückes Genug
Aus: Ders.: Gesammelte Werke. Bd. 2. Stuttgart, Berlin, Leipzig 1923.
Einen Sommer lang
Aus: Ders.: Werke. Herausgegeben von Benno von Wiese. Bd. 1: Gedichte. Epos. Frankfurt am Main 1977.

Ich und die Rose warten
Aus: Ders.: Ausgewählte Werke in drei Bänden. Bd. 3: Gedichte. Stuttgart 1911.
Märztag
Aus: Gedichte. Hg. von Günter Heinz. Stuttgart: Philipp Reclam jun. 1987.

CHRISTIAN MORGENSTERN (1871–1914)
An den Andern
Aus: Ders.: Sämtliche Dichtungen. Abt. 1, Bd. 3. Basel 1971.
Hochsommernacht
Aus: Ders.: Gedichte – Verse – Sprüche. Lechner. Limassol 1993

EDUARD MÖRIKE (1804–1875)
Mein Fluß
Aus: Ders.: Gedichte. Auswahl und Nachwort von Bernhard Zeller. Stuttgart 1977.
An einem Wintermorgen
Aus: Ders. Gedichte. Stuttgart und Tübingen: Cotta 1838.

ERICH MÜHSAM (1878–1934)
Ich weiß, das Glück, das meiner harrt
Aus: Ders.: Wüste – Krater – Wolken. Die Gedichte. Berlin 1914.

WILHELM MÜLLER (1794–1827)
Der Lindenbaum.
Aus: Gedichte von Wilhelm Müller. Hrsg. und mit einer Biographie Müller's begleitet von Gustav Schwab. Zwei Bände. Leipzig: Brockhaus 1837.

FRIEDRICH NIETZSCHE (1844–1900)
Meine Rosen
Aus: Ders.: Sämtliche Werke. Kritische Studienausgabe in 15 Bänden. Bd. 3. Herausgegeben von Giorgio Colli u. Mazzino Montinari. München 1999.

FERDINAND RAIMUND (1790–1836)
Lied.
Aus: Ders.: Sämtliche Werke. Historisch-kritische Säkularausgabe in sechs Bänden. Hrsg. von Fritz Brukner und Eduard Castle. Zweiter Band. Verlag von Anton Schroll & Co. Wien. Faksimile-Ausgabe Nendeln/Liechtenstein 1974.

Rainer Maria Rilke (1875–1926)
Du musst das Leben nicht verstehen; Liebes-Lied; Der Schwan; Die Spitze; Delphine; Das Rosen-Innere; Persisches Heliotrop
Aus: Ders.: Gedichte. Frankfurt am Main 2008.

Joachim Ringelnatz (1883–1934)
Ferngruß von Bett zu Bett
Aus: Ders.: Allerdings. Gedichte. Berlin 1933.
Freude
Aus: Ders.: Gedichte. München und Leipzig 1910.
Morgenwonne
Aus: Ders.: Gedichte, Prosa, Bilder. Herausgegeben von Frank Möbus u. Friederike Schmidt-Möbus. Stuttgart 2005.
Offener Antrag auf der Straße
Aus: Ders.: Flugzeuggedanken. Berlin 1928.
Sommerfrische
Aus: Ders.: Gesamtwerk in sieben Bänden. Herausgegeben von Walter Pape. Bd. II. Diogenes, Zürich 1994.

Monika Rinck (* 1969)
Mein Denken
Aus: Dies.: Champagner für die Pferde. Ein Lesebuch. Herausgegeben von Monika Rinck und Daniela Seel. S. Fischer, Frankfurt am Main 2019.
© Kookbooks, Idstein 2007

Friedrich Rückert (1788–1866)
Aus der erotischen Blumenlese aus Dichtern verschiedener Zeiten und Völker
Aus: Deutsche Liebeslieder. Herausgegeben von Theodor Storm. Frankfurt am Main 2012.

Friedrich Schiller (1759–1805)
Das Geheimnis
Aus: Deutsche Liebeslieder. Herausgegeben von Theodor Storm. Frankfurt am Main 2012.
Die Bürgschaft
Aus: Ders.: Gedichte. Herausgegeben von Heinz Ludwig Arnold. FISCHER Taschenbuch, Frankfurt am Main 2008.

Rudolf Alexander Schröder (1787–1962)
Es mag sein
Aus: Ders.: Gesammelte Werke. Band 1. Frankfurt am Main: Suhrkamp 1952.
© Suhrkamp Verlag, Berlin und Frankfurt am Main 1952

HEINRICH SEIDEL (1842–1906)
Sonett
Aus: Ders.: Gedichte. Gesamtausgabe, J. G. Cotta'sche Buchhandlung Nachfolger. Stuttgart/Berlin 1903.

ERNST STADLER (1884–1914)
Resurrectio
Aus: Der Aufbruch. Leipzig: Verlag der weißen Bücher 1914.

THEODOR STORM (1817–1888)
Oktoberlied; Trost
Aus: Ders.: Gedichte. Auswahl. Herausgegeben von Gunter Grimm. Stuttgart 1978.

LUDWIG TIECK (1773–1853)
Glosse.
Aus: Ders.: Gedichte. Zweiter Teil. Faksimiledruck nach der Ausgabe von 1821–23. Mit einem Nachwort von Gerhard Kluge. Heidelberg, Lambert Schneider 1967.

GEORG TRAKL (1887–1914)
Verklärter Herbst
Aus: Ders.: Dichtungen und Briefe. Historisch-kritische Ausgabe. Hrsg. von Walther Killy und Hans Szklenar. Band I,2., ergänzte Auflage. Salzburg: Otto Müller 1987.

KURT TUCHOLSKY (1890–1935)
Das Ideal; Parc Monceau
Aus: Ders.: Gedichte in einem Band. Herausgegeben von Ute Maack u. Andrea Springler. Frankfurt am Main und Leipzig 2006.
Selbstbesinnung; Mit einem japanischen Gott; Der Sucher; Liebespaar am Fenster
Aus: Ders.: Gedichte. Hrsg. von Axel Ruckaberle. Frankfurt am Main: S. Fischer Verlag 2010.

LUDWIG UHLAND (1787–1862)
Das Tal; Das alte, gute Recht.
Aus: Ders.: Gedichte. Vollständige kritische Ausgabe auf Grund des handschriftlichen Nachlasses besorgt von Erich Schmidt und Julius Hartmann. Bd. 1. Stuttgart 1898.

Johann Peter Uz (1720–1796)
Ein Traum
Aus: Ders.: Sämtliche poetische Werke. Herausgegeben von A. Sauer. Stuttgart 1890.

Jan Wagner (* 1971)
koalas
Aus: Ders.: Regentonnenvariationen. Gedichte. Frankfurt am Main 2016
© 2016, Hanser Berlin in der Carl Hanser Verlag GmbH & Co. KG, München
saint-just
Aus: Ders.: Selbstporträt mit Bienenschwarm. Frankfurt am Main 2019.
© 2016, Hanser Berlin in der Carl Hanser Verlag GmbH & Co. KG, München

Frank Wedekind (1864–1918)
Das Lied vom armen Kind oder Wer zuletzt lacht, lacht am besten
Aus: Ders.: Gesammelte Werke. Erster Band. Georg Müller Verlag München 1920.
Erdgeist
Aus: Gedichte und Lieder. Stuttgart, Reclam 1989.

Josef Weinheber (1892–1945)
Im Grase
Aus: Ders.: Späte Krone. Gedichte. 37. bis 42. Tausend. München: Langen/Müller. 1950. – Zuerst 1937.

Franz Werfel (1890–1945)
Der schöne strahlende Mensch
Aus: Ders.: Das lyrische Werk. Gesammelte Werke. Herausgegeben von Adolf D. Klarmann. Frankfurt am Main 1967.
Ich habe eine gute Tat getan
Aus: Ders.: Gedichte aus den Jahren 1908–1945. Frankfurt am Main 1967.
Wie nach dem Regen
Aus: Ders.: Das große Lesebuch. Frankfurt am Main 2008.
Ich staune
Aus: Gedichte aus den Jahren 1908–1945. Herausgegeben von Adolf D. Klarmann. S. Fischer Verlag, Frankfurt am Main 1953.

Carl Zuckmayer (1896–1977)
Das Essen
Aus: Ders.: Gesammelte Werke I: Gedichte – Erzählungen. Frankfurt am Main 1960.

Stefan Zweig (1881–1942)
Vertrauen; Der Forscher; Begehren; Volksmotiv; Im Balladenton; Aus schweren Nächten …; Nun weiß ich …; Erste Schatten; Herbst; Das fremde Lächeln; Die Wolken
Aus: Silberne Saiten: Gedichte von Stefan Zweig. Berlin und Leipzig: Schuster & Loeffler 1901.

Norma Schneider (Hg.)
Geschichten für glückliche Stunden

Weisheit sei die epische Seite der Wahrheit, schrieb Walter Benjamin über das Erzählen. Ist es also die Weisheit von Geschichten, die uns glücklich macht und tröstet? Oder ist das Hören und Lesen von Geschichten vielleicht einfach nur ein angenehmer Zeitvertreib, bei dem wir endlich ausblenden und vergessen können, was uns sonst so bedrückt? »Geschichten für glückliche Stunden« entführt uns in die weite Welt des Erzählens und schlägt einen großen Bogen von Boccaccio bis Virginia Woolf, von Heinrich Böll bis Sharon Dodua Otoo.
Mit Texten von Zsuzsa Bánk, Alice Munro, Christoph Ransmayr und vielen anderen.

240 Seiten, broschiert

Weitere Informationen finden Sie auf
www.fischerverlage.de